経営コンサルティング

仕事のプロが育つ
プロセスと勘どころ

Management
Consulting

竹内 裕 著
Takeuchi Yutaka

同友館

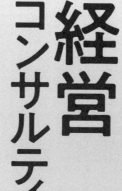

まえがき

29歳で中小企業診断士の資格を取得し、経営コンサルタントのまねごとを始めてから79歳で第一線を退くまで、足掛け50年間にわたりコンサルティング業務に携わってきた。その間に数多の企業や関係者との出会いがあったが、教えられたことや学んだことは数知れない。先ずはそのことに深く謝意を表したい。併せて長い年月にわたって業務に勤しむことができた諸々の幸運にも感謝しなければならない。

経営コンサルティングの業務は幅広いが、私は今風にいう人材マネジメント領域の問題に主として係わってきた。具体的には人事制度の設計・導入・フォローアップとそれに付随する人事考課者研修、企業等の管理・監督者研修、各種専門機関主宰の人事・賃金セミナー講師等の業務に主に携わってきた。

一口に50年と言っても、その道程は当然のことながら山あり谷ありで決して平坦な一本道ではなかった。塗炭の苦しみを味わったことも一再ではないが、その一方で苦心惨憺した末に問題解決が叶い、達成感と充実感を深く味わったことも少なからずある。本書はそうした過程で体験したこと、考えたこと、感じたことをありのままに取りまとめている。そうした思いの一つに、目標・課題に立ち向かわない人は、たとえ高学歴であっても「二十で秀才、三十で才子、四十過ぎれば只の人」になってしまうことがある。

ちなみに、私のコンサルタント経験50年の中で最も持って生まれた才能を開花させたのは、最終学歴が中学校卒のある企業のプロジェクトメンバーである。並み居る大卒者顔色なしの状態であった。その秘密はこの人物が諸種の目標・課題に果敢に挑み、やり遂げ、セルフコンフィデンスを本物にして行ったことにある。本書は私の携わってきたコンサルティング業務に係わる諸々を紹介する傍ら、専門職に求められる能力とその開発法は一体何かを追究することが一貫したテーマとなっている。

全体は5つの章により構成されているが、まず第Ⅰ章では私のコンサルタントとしての原点とでも言うべき、日本生産性本部経営コンサルタント指導者養成講座の全貌と特色について述べている。この講座は1年間にわたる全日制の本格的講座であり座学、企業診断実習、課外研究の3本柱によって構成されていた。座学では生産、財務、人事、マーケティング、購買・資材、R&D、経営戦略、経営情報システムなど企業経営の全領域にわたる基礎知識の習得が可能なカリキュラム編成となっていた。

そして座学で習得した知識をベースに、2週間にわたる企業診断実習の場でコンサルタントしての腕を磨く機会が5回設けられていた。この企業診断実習は、夜を徹して取り組むことが習わしになっていたが、「働き方改革」などどこ吹く風で受講生60数名は大いに鍛えられた。そのせいか、講座修了後半世紀が経った今も同期会の際などに、講座受講中の思い出話に花が咲く程である。終講後コンサルタントの道に進んだ私にとっては、終生忘れることのできない意義ある思い出深い1年となっている。

第Ⅱ章では、なぜ長い期間にわたりコンサルティング業務に携わることができたかについてまず述べた。その上で、膨大なエネルギーを投入して設計した人事制度の導入が結局は失敗に終わった例、生涯に都合3度にわたり人事制度の設計でお邪魔した企業の例、大学等企業以外の組織での人事コンサルティングの事例等について紹介している。また、コンサルタントにとって欠かせないプロジェクトチームの編成・運営の要領、フリーランスのコンサルタントにとって死活の意味を持つ受注活動の進め方についても具体的に述べた。いずれも50年という長い歳月にわたる実務経験と事実をベースに記述しているので、拾っていただけるものがあると確信している。

第Ⅲ章では、研修業務の厳しさとやりがいについて述べている。コンサルティングが年・月単位の業務であるのに対し、研修は日・時間が勝負の仕事なので「準備9分に本番1分」の心構えで事に臨む必要があることをまず強調している。この他にコンサルタントとして初めて担当することになり、これ以上考えられない程の準備をして臨んだ技術者対象のＶＡ（Value

Analysis―価値分析）研修、中国ハルビンでの1か月にわたる経営管理講座、10年、20年の長きにわたって担当した専門機関主宰の人事戦略講座他について紹介した。またＯＪＴに関しては思いも掛けない行き違いから、８００枚の原稿執筆にチャレンジせざるを得なくなり七転八倒した体験ついて記述している。

第Ⅳ章では、コンサルティング業務でご縁のあった深く心に残る人材について記した。具体的には魅力にあふれるＣＥＯ、個性に満ちたプロジェクトリーダー、脳裏に刻み込まれ決して忘れることのない人材、それ以外に困惑させられた人々についても述べている。

第Ⅴ章では、50年のコンサルティング経験を通して見えてきた専門職に求められる能力は一体何か、どうすればその向上が図れるかについて極力具体的に記述した。**仕事をするには体力、気力、能力の3要件が欠かせないが、体力は1階部分、気力は2階部分、能力は3階部分だと私は理解している。そして3階部分が狭義の能力、2階部分まで含めたものが広義の能力、1階部分まで包含したすべてが最広義の能力だと捉えている。**2番目の気力を含む広義の能力を構成する具体的要件として知的基礎力、対人関係力、価値創造力、意欲完遂力を取り上げ、これらを開発するポイントは何かついてコンサルタントとしての実体験をベースに問題提起している。

いずれにしても、この50間年多くの企業でコンサルティングや研修業務に勤しむ傍ら能力とは何か、その向上を図るかにはどうすればよいかについての問題意識を一貫して持ち続けてきた。これらに関する考え方や思いは本書の随所に散りばめられているが、V章で総合的に取りまとめを行っている。本書はコンサルタントを含む専門職、人材育成に関心のある企業等組織の幹部や管理職にお目通しいただきたいと願っているが、何はさておき今後本物の専門職に求められる能力とその開発法が最大の関心事だという向きは、いきなりV章から読み始めていただくのもよい。

最後ながら、本書の刊行に当たっては同友館社長脇坂康弘氏、出版部次長佐藤文彦氏に大変お世話になった。ここに記して深謝の意を表したい。

なお、ご意見等は、y-takeuchi@jcom.zaq.ne.jp までお寄せいただければ幸いである。

竹内　裕

二〇二一年二月

目次

I

経営コンサルタント指導者養成講座の全貌と特色

1 講座の概要と受講動機

(1) 講座のねらいと概要

財団法人日本生産性本部（現公益財団法人日本生産性本部）が1971年（昭和46年）当時開催していた経営コンサルタント指導者養成講座は、全日制の1年間にわたる本格的な研修講座であった。この年受講した講座生は14期生であったが、今も強く印象に残っているのが、講座の名称が「経営コンサルタント養成講座」ではなく、「経営コンサルタント指導者養成講座」であったことである。

事実、初日のオリエンテーションでも、この講座は経営コンサルタントを養成することにねらいがあるのではなく、経営コンサルタントを指導する人材を育成することが本来の使命であるとの説明があった。現実には、この講座は「経営コンサルタント養成講座」であったと言ってよいが、レベルの高い本格的な研修講座であったことは間違いない。

その裏付けとなる代表的な例を紹介すると次のとおりである。その一つは経営コンサルタントにとって必須の企業経営に関する専門科目だけでなく、たとえば仏像鑑賞といったリベラルアーツ系の科目もカリキュラムに組み込まれていたことである。この科目の講師は人事院のベテラン職員の方であったが、終日仏像鑑賞とその周辺のテーマに関するレクチャーを受けた。

実はこの仏像鑑賞の講義は、私たち14期生が講座を修了してから約半世紀が経った今も同期会などの際、あの講義はよかったという思い出話に花が咲くほどである。昔から、仕事をするには、まずその業務に必須の直接的知識・技能を習得することが先決であり、もう一段高いレベルの仕事を目指すなら、当該業務に関する間接的知識・技能の習得が欠かせないとされてきた。さらに一頭抜きんでたレベルの高い仕事を目指すには、それに加えて一般的教養を身に付けることが欠くことのできない条件とされている。

恐らく1971年当時の日本生産性本部経営コンサルタント指導者養成講座は、経営コンサルタントに必要な直接的知識・技能だけではなく、間接的知識や一般的教養も併せ身に着けさせることもねらいにあったのであろう。「蟹は甲羅に似せて穴を掘る」というが、経営コンサルタントとしての甲羅をできるだけ大きくしよう、という意図があったと理解できる。確かに人としての甲羅、つまりスケールが大きいほど解決できる問題もそれに比例して大きくなることは確かと言える。

この講座のレベルが高かったことを裏付ける材料をもう一つ挙げると、受講生の中に公認会計士、税理士、中小企業診断士などの資格取得者が混じっていることが珍しくなかったことである。私も中小企業診断士の資格を取得してからこの講座に参加したが、通信教育などで習得できる企業経営に関する知識・技能のレベルを遥かに凌駕する内容であった。かてて加え、私自身は経営コンサルタントとして身を立てる決意をしてこの講座に参加したことの他に、扶養家族3人を抱えていたので生涯の内で最も真摯に勉学に打ち込んだ1年であった。

(2) 講座受講の動機

ここで、なぜ私がこの経営コンサルタント指導者養成講座を目指すことになったかは、次のような事情による。一言でいうと、折角入社した企業での労働組合運動への肩入れが過ぎて会社に居づらくなったことに尽きる。なぜそのような事態に立ち至ったかは、新入社員研修の一環として組み込まれていた現場実習に端を発する。

入社した企業は装置産業であったので、現場は4直3交替（4組3交替）勤務制を採っていた。そうした生産現場で1か月だったか2か月であったか記憶は定かでないが、夜勤を含む実習に従事した。若くて元気盛りの頃であったので実習そのものは何の問題もなく無事終了した。しかし、実習終了後に提出した感想文が問題となったのである。

私の書いた感想文のポイントは、社員に職員と工員の身分差があるのはおかしいというものであった。その典型例が前者は完全月給制であり、後者は日給月給制であったが、1960年代の企業ではそれほど珍しくはない処遇形態であった。会社によっては社員と工員では、会社に出入りする通用門が違うという例すらあった程である。感想文に書いたことが間違いであったとは今も思っていないが、現場実習が切っ掛けで労働組合運動への肩入れが始まり、少しずつ居心地が悪くなって行ったことは否めない。

そうした状況下にあったので、先々のライフプランをどうするかについての問題意識が次第に旺盛になり思案を重ねるようになっていた。選択肢としては転社か転職があるが、私の気持ちは徐々に転職に傾いていった。やり直しをするなら専門職を目指そう、という気持ちが次第に固まっていった。

何かについての強い問題意識を一定期間持続していると、それに関連する情報が向こうから飛び込んでくることがあるが、当時住んでいた福岡市のある書店のビジネス書のコーナーで日本生産性本部が主催する経営コンサルタント指導者養成講座の概要等を紹介している本に遭遇した。この本を読んで経営コンサルティングに対する関心がいっそう深まり、転職の意志がより確固としたものになっていった。

ちなみに、この経営コンサルタント指導者養成講座は企業派遣生、自費生、給費生という3つのタイプの受講生によって構成されていた。100万円の受講料については、企業派遣生は派遣元企業が負担、自費生は自己負担、給費生は免除という違いがあった。このほか給費生には月々何がしかの生活手当が支給され、講座修了後は日本生産性本部所属の経営コンサルタントになることが予定されていた。なお、受講料の100万円は現在価値に換算すると200数十万円にも相当し、かなり高額であったことは確かである。

30歳そこそこで何の貯えもない私がこの講座を受講するには、給費生を目指す以外に選択肢はなかった。講座の試験科目は経営一般、専門科目2科目、それに英語の4教科および面接が課された。そこで受験準備の一環としてまず中小企業診断士の資格を取得することにした。当時はまだ中小企業診断員という呼称であったが、この資格の取得はまだそれほど難しくない時代であった。そのため、通信教育を受講しただけで幸いにも合格することができた。

なお、英語の試験についてはは特別な準備はしなかった。それについては、当然のことながらある事情があった。私は経営コンサルタントに転身してから、第一線を退くまで「根っからの体育会系人間」を看板にしてきた。現実に学生時代の4年間は、ある一つのことを除き剣道に全精力を注いで過ごした、といっても決して過言ではない。そのことを証明する材料として、大学に入ってから剣道を始めた初心者の私が3回生の時に3段の昇段試験に受かった事実を挙げることができる。

当然のことながら4回生の時には4段の昇段試験を受けたが、こちらは残念ながら合格できなかった。その後60年近い歳月が流れたが、今でも4段になれなかったことを残念に思う気持ちが無くはない。要は、それほど一つのことに打ち込んだということである。そのため、3回生までに獲得した優の数はわずか4つか5つという体たらくであった。ちなみに、勉学に勤しむ学生の場合は優の数が優に40を超えていたようである。

さて先に学生時代は、ある一つのことを除き剣道に打ち込んだと述べた。その一つのことは、GHQによって戦後の何年間か敵性スポーツと見なされ禁止されていた剣道とは似つかわしくないが、暇に飽かせて英字新聞を読みふけったことである。これは卒業するまで3年半続いたが、その間にかなり英語を読む力がついたようである。そのことを実感したのは、実は卒業後20年も経ってからのことであった。その頃通っていた英会話教室の外国人教師から薦められた1冊の本があった。

それは『上海の長い夜（Life and Death in Shanghai）』という大部の本であった。読み通すことは到底できないだろうと思ったが、読み始めてみると意外や意外、スムーズに読めたのである。学生時代に3年半にわたり英字新聞を読みふけったからこそだと、今更ながらに感じさせられたのであった。英語に関してはそのような事情があったので、経営コンサルタント指導者養成講座の受験に際して特別に準備することはしなかった。試験は1971年（昭和46年）2月に行われたが、幸運にも合格し給費生として採用されることになった。

2 講座の受講生

(1) 受講生の構成

こうして晴れて経営コンサルタント指導者養成講座の給費生となった。受講生は65名であったが、金融機関からの派遣生が実に53名、全体の81・5%と圧倒的多数を占めていた。さらに細かく見ると、65名の内、都市銀行が50・7%、政府系銀行が20・0%、地方銀行ほかが10・8%、計81・5%という出身構成であった。その他の12名は企業・団体よりの派遣生および自費生と給費生であり全体の18・5%であった。なお、受講生の平均年齢は30歳前後であった。

都市銀行からは各行とも3~4名、それも毎年継続的に派遣してきているケースが多く、当時の日本生産性本部の経営コンサルタント指導者養成講座が金融機関の外部派遣研修の柱の一つに据えられていたことがよく分かる。現実にこの講座は銀行でも人気があったようで、ある都銀の派遣生から直接聞いた話では、400名の応募者の中から最終的に4名の派遣生が決定されたとのことであった。結構評価の高い講座であったことが分かる。

高額の受講料を支払い、しかも派遣生は丸々1年間仕事の場を離れるわけであるから、各行とも下手な人材を派遣するわけにはいかない。人件費まで含めると相当高額の費用を負担するわけであるから、それに相応しい人材を派遣したくなるのはごく自然な成り行きである。当時の金融機関には、教育訓練費を費用ではなく投資としてとらえる感覚があったということに他ならない。

当時の受講生名簿を基に、14期生65名を学歴という別途の物差しを当ててグルーピングすると、その構成割合は難関国立大学出身者が24・6%、上記以外の国公立大学出身者が26・2%、早慶出身者が27・7%、上記以外の私立大学出身者が18・5%、非大卒者が3%である。このメンバーが1年の間、公私にわたり刺激を与えあうわけであるから、相互に若き日の鮮烈な思い出の一コマになったとしても決して不思議ではない。

(2) 同期会組織と活動概況

経営コンサルタント指導者養成講座の14期生は、講座修了後隔年ごとに同期会組織である十四会をコンスタントに開催してきている。65名を数えた同期生も逝去等により今は46名に減じているが、一番新しい2018年時点での同期会参加申込者は23名、申し込み率にすると実に50%に達している。実際には急病等によるドタキャンで参加者は21名であったが、いまだに高い集団凝縮力を有しているといえる。

同期会は歓談、3分間スピーチ、特別企画が3本柱であるが、いつも所定の3時間が瞬く間に過ぎ去る感がある。3分間スピーチなどは弁士が多いため、実際にストップウォッチを用いて時間管理を行っている程である。このように堅苦しいことをすると、通常は拒絶反応が生じ兼ねないが、全員が養成講座時代にそうしたトレーニングを経験しているため抵抗なく受け容れられている。

「同じ釜の飯を食う」という表現があるが、この講座では後ほど述べるように座学以外に年間5回にわたる宿泊実習があった関係で、運動部等の出身者を別にすれば、むしろ学生時代の同級生よりも同期生同士の相互理解が進み、人間関係の基盤が形成されたように思われる。その基盤をベースに何十年にもわたり同期会を定期的に開催していることが、いまだに高い集団凝縮力を有している最大の要因だと理解している。

この14期生に関して知られざる事実を一つ明らかにすることにしたい。結論から言うと、講座を終了してから今日までに14期生が刊行した書籍の数が優に60冊を超えていることである。講座終修了後はそれぞれ本業に還るわけであるが、65名中の7～8名が経営コンサルタントとしての業務に携わることになった。その形は銀行の経営相談所や専門機関所属のコンサルタント、フリーランスのコンサルタント等一様ではないが、それぞれコンサルティング業務に従事することになった。

その後20年、30年、40年と歳月が流れたが、この7～8名が執筆した書籍の数は間違いなく60冊を超えている。数が多ければよいということでは決してないが、その面での実績がゼロであるよりは、コンサルタントとして足跡を残したと言えよう。**敢えてわが田に水を引くような言い方をすると、「量より質」は正しいけれど、そのいっぽうで「量は質を伴う」、「量は質に転化する」とも言う。**1対1では勝負になっても、1対100ともなると端から勝負にならない。

この話を同期生の1人にしたとき、すかさず「量は質を陵駕する」という表現もあると返してきた。確かに大作家といわれている人に寡作の人はいないし、ピカソも描きに描いた挙句に抽象画の世界を切り拓いたといわれている。**質が大事であることは議論の余地がないが、あるレベル以上の質に達するには、一方で相当程度の量をこなすことが欠かせないことを忘れるわけには行かない。**

この講座の14期生には2年に1度の定例同期会の他にいくつかのミニ同期会もあり、四方山話に花を咲かせる機会に事欠かない。いろんな意味で価値ある優れた講座に参加する機会に恵まれたことに改めて感謝している。

3 座学の体系と内容

日本生産性本部経営コンサルタント指導者養成講座の1年間にわたる学習体系は座学、企業診断実習、課外研究が3本柱であった。座学によってコンサルタントに必要な基礎的知識・技能を習得し、それらをベースに年間5回に及ぶ企業診断実習の場でコンサルタントとしての腕を磨き、グループ別の課外研究を通じて特定の専門科目については、より深い自主研鑽を求めるという構成になっていた。以下、これら講座の3本柱の概要について説明することにしたい。

(1) 度肝を抜かれた話し方教室

まず座学から説明することにしよう。この講座には何十年経っても語り継がれるような名物授業があったことは先にも紹介した。企業経営に関する科目以外で今も強く印象に残っている科目を紹介すると、一つは話し方に関する授業である。講師は当時この分野の大家であったが、まさに至芸とも言うべき技を見せてもらった。

皆が度肝を抜かれたのは、自己紹介の仕方の演習であった。具体的にはこうである。まず受講生に自己紹介の準備をさせたうえで、1人を選んで実際に3分程度自己紹介をさせる。そのうえで講師がスピーチの内容を忠実に再現したうえで、こうすればもっと良くなるというポイントをアドバイスする。さらに、それだけに止まらず本人に成り代わって物の見事に自己紹介をして見せるのである。講師はこれを3人ばかり繰り返したが、驚嘆すべき見事な技でありまさに名人芸に値するものであった。

この話し方の授業に関連して思い出すのは、後年ある中堅証券会社で行われた役員研修会にお邪魔した際の出来事である。カリキュラムの一部に話し方に関するコーナーが組み込まれていたが、登壇した著名な話し方の専門家ののっけの挨拶には驚かされた。何と「いつもは大手証券で仕事をしているが、今日はたまたま時間が空いていたのでお引き受けした」と切り出したのである。私もわが耳を疑ったが、参加していた役員が皆そっぽを向いてしまった光景が今も瞼に残っている。

(2)　カルチャーショックを与えたＩＥ講座

講座の中心であったのは、何といっても経営戦略等企業経営に関する専門科目の授業である。なかでも極め付きの強烈なインパクトを与えたのは、生産現場で良いものを、安く、早く、安全に作るための技法であるＩＥ（Industrial Engineering）から授業が始まったことである。具体的には動作分析、工程分析、稼働率分析、レイアウト技法等のレクチャーと演習がみっちり行われた。

すでに述べたように受講生は金融機関からの参加者等文科系のメンバーが圧倒的に多く、皆この領域はまったくといってよいほど未知の世界であった。そのため全員がある種のカルチャーショックを受けたといっても過言ではない。私などもこのＩＥの講義にはなかなか馴染めなかった。何を隠そう、ＩＥの講座が終わってから何か月も経った冬休みに徹底的に復讐してやっと理解できたか、と思うような体たらくであった。

このＩＥの授業に関しては習った手法もさることながら、ファクトファインディングに徹することの重要性をこれでもかというほど叩き込まれたことの意味は大きかった。問題解決を図るには演繹的アプローチと帰納的アプローチがある。端的にいうと前者はあるべき姿重視の問題解決法であり、後者は現実重視のそれといって差し支えない。問題はいずれのアプローチによるのが望ましいかである。

一般的な業務上の問題解決を図るには帰納的アプローチを行うことが望ましい、と言ってよい。演繹的アプローチは単なる書生論に終わることが多いからである。ただし、乾坤一擲の大改革を行うようなケースでは、演繹的アプローチを積極的に取り入れることが望ましい場合が多い。現実には現場の事実を尊重しながら、その一方であるべき姿もある程度取り入れて改革を進める統合的アプローチを取ることが望まれる。

このほか座学は生産だけはなくマーケティング、研究・開発、経営戦略・経営計画、財務・会計、人事・労務、資材・購買、R&D、経営情報システム等々企業経営のすべての領域をカバーしていた。このような講座の体系から、当時の日本生産性本部経営コンサルタント指導者養成講座は企業経営全般に通じたコンサルタント、いわゆるゼネラルコンサルタントを育成しようとしていたことが分かる。

同期会でのやり取りを聞いていても、講座で習った個々の知識・技能等はすっかり忘れてしまった。しかし、ファクトファインディングの精神であるとか、物事の優先順位の決定方法等1年間を通じて身に付けた物の見方や考え方は、その後大いに役立ったという声が多い。私自身も講座修了後10年目辺りから次第に人材マネジメント領域のコンサルティングに特化していったが、自分の専門領域を「企業経営全般を踏まえた人事制度の設計・導入」と謳うことができたのは、この講座で学んだからこそであると思っている。

4 講座のハイライト企業診断実習

(1) 企業診断実習のねらいとインパクト

先にこの1年間にわたる講座の体系が座学、企業診断実習、課外研究の3本柱からなっていることは述べた。このうち座学が極めて充実した内容であったことはすでに紹介した通りである。しかし、何といってもこの講座の白眉は企業診断実習にあったことは紛れもない。講座を修了してから何年かが経ってからも、実習時の夢を見てうなされるメンバーがいたほどである。

この企業診断実習は座学で習ったことをベースに企業に出向いて実際に診断を行い、コンサルタントとしての腕を磨くことにねらいがある。企業診断実習は毎回2週間の日程で年間5回にわたって行われた。実習は日曜日の午後に宿舎に集合し諸準備をしたうえで、月曜日の朝から本格的に取り組みを始めた。そして翌週の金曜日に診断結果の発表をするのが標準的なパターンであった。

また、第1・2次実習はIE・生産管理、第3次〜第5次実習は経営全般の診断であった。第1次から4次実習までは日本生産性本部のコンサルタントがインストラクターとして同行し指導に当たったが、最後の5次実習は実習生のみで診断に従事した。なお、各回の実習班は10名強の人数で編成されるのが通例であった。

企業診断実習の進め方は、最初の2〜3日は全員でインタビューを行い、その結果と事前の資料分析情報等に基づくいくつかの診断テーマ（プロジェクト）の選定、その後はプロジェクトチームごとの詳細調査・分析と改善案の検討・策定、最後に報告書のまとめと報告会の開催という流れであった。中間の土曜・日曜日は訪れた地方の観光等に当てるのが通例であった。沖縄での実習の際訪れた渡嘉敷島のコバルトブルーの海にはいたく感動させられた。

この診断実習は、実習生といえども約2週間にわたって企業の現状を分析した結果を基に改善提案をするわけであるから、それなりにインパクトを与えるケースが多かった。なぜなら、実習生の提案が受け入れられ実際に改善が進められたという話を、実習終了後に一再ならず耳にする機会があったからである。さらに驚くべきことは、この診断実習に企業から特別に参加した社員とその後30年、40年もの長きにわたって交流が続いている例すら見受けられることである。

実習生の方も講座修了後、実習でお邪魔した企業がその後どのようになっているかを確認する例も珍しいことではなかった。この実習で私自身が辛かったことの一つは、ソロバンができなかったため、作業者の作業内容の構成や機械の稼働状況を調査するためのワークサンプリングの集計をする作業に難儀したことである。1971年（昭和46年）当時、電卓はまだまだパーソナルユースの時代からは程遠かった。この一事を通じて知識もさることながら、作業に必要な技能・スキルを身に付けることの重要性を嫌というほど痛感させられた。

(2) 短時間睡眠で凌ぐハードな2週間

ソロバンのできなかったことも辛かったが、さらに衝撃的だったのは睡眠時間の短かったことである。土日は別にして、第1次実習では第1週目の就寝時間が午前1時～2時、2週目に入ると午前2時～3時、報告会直前になると午前4時とか5時、人によっては徹夜もやむなしという凄まじさであった。働き方改革の議論がかまびすしい今日からすると、まるで別世界での出来事だといえる。

この講座に入る3年前に大病をした関係で、夜は10時には就寝することが習慣になっていた私にとっては、まさに想像を絶する衝撃的ともいえる2週間であった。しかし、人の環境適応能力はなかなかのもので、実習が2次、3次、4次と進むにつれて徹夜に近い状態が続いても特段の負担を感じることはなくなっていった。この短時間の睡眠で何日間かを凌ぎ切るという体験は、その後コンサルタントとしてここ一番の山場を乗り切らなければならないような際に大いに役立った。

この企業診断実習はもちろん合宿形式で行われたが、私などのような運動部出身者は別にして、2週間にわたり寝食を共にするという経験は、大半のメンバーにとって極めて新鮮であったと思われる。実習期間の中間にある土日には訪れた地方の名所旧跡を巡るなどの楽しみもあり、そういうことも含めて今もよい思い出になっている。なかには2週間の実習が終了した後に、宿泊した旅館の女将から跡取りになってほしいと依頼された例すらあったと聞いている。

(3) 診断実習報告会の準備と開催

企業診断実習の総仕上げは、報告書の作成と報告会の開催である。講座生は稟議書の作成など書くことには慣れている金融機関出身のメンバーが殆どであったので、ファクトファインディングさえきちんと出来ていれば、報告書の作成はそれほどの負担にはならなかった。チーム全体でA4サイズ200頁程度の報告書を一気呵成に作成することができた。コンサルタントとしての最も基本的な3種ならぬ5種の神器は、今も見る、聴く、読む、書く、話すことだと言ってよい。

余談になるが、私が初めて読んだ村上春樹作品は『職業としての小説家』（新潮文庫）である。内容もさることながら、氏の仕事に対する厳しい姿勢とその洗練された文章表現には感銘を受けた。特に印象に残ったのは、近年は「当然ながら……である」と表現するケースが多いが、この作品では「当然のことながら……である」ときちんと表現されていたことである。人は自分に都合の良いことは記憶に残り、そうでないことは忘れるという典型的な例かも知れないが……。

閑話休題。報告書の作成が終わるといよいよ報告会の開催である。ちなみにこの当時は手書き・青焼きの時代であり、実習の場を提供していただいた企業には後刻何部かコピーして報告書を届けるのが慣例であった。この報告書をその後何年かにわたり活用したという話も直接的・間接的によく耳にした。このことから明らかなように報告書は、報告日の段階では実習班の手許に原本が一部あるのみである。

そのため実習生は報告会用に問題点、改善案を記した模造紙を各自5～6枚作成するのが通例であった。企業によってはOHPすらなかった時代であるので、模造紙を活用するのが最適であった。細かい話になるが模造紙には正しい折りたたみ方というものがあり、インストラクターよりその手ほどきを受けた。そして、その1枚1枚ごとに内容を記したメモを添付しておけば、報告会のあと整然とした形で企業に残すことができる。しかし今はパワーポイントの時代であり、模造紙の折り方はまぼろしの技になってしまった。

このようにして準備した模造紙を担当者ごとに張り出して報告を行うのである。報告時間は1人当たりの持ち時間は10～15分、全体では2時間半程度で実施するのが通例であった。報告会には社長を始めとする役員、管理職が参加するケースが圧倒的に多かったが、教科書的な改善案より、しっかりしたファクトファインディングに基づく改善案のほうがインパクトを与えたことが強く印象に残っている。

このように、この講座は経営コンサルタントに必要な企業経営に関する知識、理論、技法等を講座で学び、これらを活用して生身の企業の診断をすることを年間5回繰り返すことによって企業診断・指導の腕を磨くことができるよう工夫されていた。その中でも講座生に最も強烈なインパクトを与えたのが、ＩＥを中心とする第1次企業診断実習であった。

実はわれわれ14期生が講座修了40周年記念行事を開催した際に、講座時代の思い出に関する文集を併せ刊行した。その際あるメンバーが記したのが次の一文である。当時の講座生の気持ちが実によく滲み出ている。

「わくわくしながら工場内を走り回った体験、苦しみに苦しんだ提言の模索、報告会が終わった後のあの満足感と開放感、30代の前半に経験した貴重な体験である。ほぼ同世代の仲間達と議論しお互いに切磋琢磨したあの経験は、忘れがたい珠玉の思い出になっている」。

日本生産性本部経営コンサルタント指導者養成講座を構成していた3本柱の最後の1つは課外研究である。これは講座が終了した後の時間や休日を活用して行う自主研究活動であった。財務研究グループ、人事・労務研究グループ、生産研究グループ、マーケティング研究グループ、経営戦略研究グループ、経営情報システム研究グループ等々の研究班があった。

しかし課外研究は、インストラクターの付かない自主研究活動であったので座学、企業診断実習に比べると注いだエネルギーの量が少なかったことは否めない。それでも年間を通じて特定テーマについてコンスタントに討議し、時としては合宿をして議論を重ねる等の機会のあったことは、グループメンバーの相互理解を深めるうえでも大いに効果があった。

いずれにしても、1年間続いた座学では毎日教室で顔を合わせ、週に1度は課外研究でディスカッションを重ね、さらに2週間にわたる企業診断実習では年間5回もの合宿を繰り返すわけであるから、受講生の相互理解と集団凝縮力は必然的に高まることになる。さらに多くの企業派遣生にとっては、麻雀やゴルフなどで大いに英気を養うこともできた思い出深い、忘れることのできない若き日の一コマとなったことは疑いない。

5 養成講座受講がすべての原点

(1) 基礎固めをすることの重要性

私は29歳で中小企業診断士の資格を取り、31歳の時に日本生産性本部経営コンサルタント指導者養成講座を受講し、79歳でコンサルティングの第1線より退いた。コンサルティングのまねごとを始めてからカウントすると、50年もの長きにわたって企業診断・指導の実務に従事してきたことになる。これも偏にさまざまな幸運に恵まれたことと多くの方々に支えていただいたからこそ可能であったといえる。

その中でも日本生産性本部の経営コンサルタント指導者養成講座を受講する機会に恵まれたことが、やはり最大の幸運であったことは間違いない。もし、中小企業診断士の資格を取得したのを機会に思い切って独立しフリーランスのコンサルタントになっていたとしたら、恐らくは50年間もの長きにわたり企業診断・指導の実務に携わることは出来なかったと思われる。コンサルタントとしての基礎を固めるうえで、この講座に参加することができた意味は計り知れないほど大きなものがあった。

よく武道や芸事の世界において守・破・離という表現が用いられる。守は師範や師匠の教えを守って稽古一途に励みひたすら基礎を身に付ける段階、破は身に付けた基本をベースに自分なりの工夫を加え一人前に成長していく過程、離は一人前になってからも創意工夫を怠らず新しい流派を興せるほどの心技体に達した状態ということができる。

この過程は書における楷書、行書、草書になぞらえることもできるが、人材も守・破・離のプロセスを経て育っていくことは確かである。経営コンサルタント志望者が守の段階を過ごす場として、当時の日本生産性本部の経営コンサルタント指導者養成講座がこの上ない最適の環境であったことは確かである。

人は環境に向かって働きかけることはもちろん可能である。しかし、環境から決定的な影響を受けることもまた否定できない半面の事実である。たとえば周りに見習うべき優れた人材の多い職場と、それとは逆の状態にある職場のいずれで人が育つかについては多くの議論を必要としない。優れた経営コンサルタントがそこかしこにいる組織と突出した人材のいないドングリの背比べの状態の組織では、守の段階にあるコンサルタントの育ち方がまるで違ったものとなっても決して不思議ではない。

(2) 講座受講中に深く決意したこと

この経営コンサルタント指導者養成講座という場に1年間身を置くことによって、多くのことを学び身に付けることができたことは繰り返し述べてきた。その中から敢えて経営コンサルタントとしてのその後に決定的な影響を与えたことを一つだけ挙げるなら、それは、コンサルタントは本を書くのも仕事の一つだと思い込んだこと、信じ込んだことだと言ってよい。

この講座の講師陣は名だたる大学教授や日本生産性本部所属の経営コンサルタントが中心であったが、本部所属のコンサルタントの中にも専門分野に関する書物を著している人が何人かいた。実際に授業を受けてみると、コンサルタントの授業は著書のあるなしによってかなり有意差があるように感じられた。そうした事実を目の当たりにして、自分も将来本を書かなければならないと心に決めたのであった。

人は環境面より大きな影響を受けると先に述べたが、経営コンサルタントも本を書くのが当たり前という組織の中で育つのと、書かないのが当たり前という環境下で過ごすのとでは決定的な違いが生じることになる。そうした意味で当時の日本生産性本部は、経営コンサルタントを育成するうえでも極めて優れた環境条件下にあったといえる。

ずっと後年になってから同僚のコンサルタントが出版した際に、次のような挨拶状が届いた。「お陰さまで出版の運びになりました。これで著書欄が空白でなくなり、精神的に大きく変わりそうです」と率直な心情が記してあった。**ただし、出版はあくまで従たる仕事であって、コンサルタントの本分はクライアントの問題・課題解決のために全力を尽くすことにあるのを忘れるわけにはいかない。**

こうして私の1年間にわたる日本生産性本部経営コンサルタント指導者養成講座の受講が終わり、いよいよ本部所属のジュニアコンサルタントとして実務に就くことになる。

なお、1971年（昭和46年）の経営コンサルタント指導者養成講座の研修生名簿より金融機関出身者の派遣元を確認してみた。氏名のあいうえお順に拾っていくと、次のような銀行名が並んでいる。

東京銀行、国民金融金庫、日本勧業銀行、住友銀行、埼玉銀行、三井銀行、常陽銀行、東海銀行、三和銀行、八十二銀行、名古屋相互銀行、三菱銀行、百十四銀行、日本長期信用銀行、北海道東北開発公庫、協和銀行、神戸銀行、富士銀行、商工組合中央金庫、農林中央金庫、北海道拓殖銀行、太陽銀行、第一銀行、日本開発銀行、常盤相互銀行

昭和から平成を経て今は令和の時代を迎えているが、都市銀行を中心に行われた合従連衡によって金融業界はまるで様変わりしてしまっている。企業は環境適応業だとは言うけれど、当時のままの行名で存続している都市銀行は一行もない。まさに今昔の感に堪えない。

ちなみに、**戦後産業界に流布した3大名フレーズは「日本的経営の3種の神器」、「会社の寿命は30年」、「企業は環境適応業」であると私は理解している。その中でも、企業は環境適応業であり時代適応業であるとの指摘は実に鋭く物事の本質を突いている。**金融業界だけでなく、あらゆる業界が50年前と比べると様変わりしてしまっているのも、この50年間に生じた環境変

化に適応した結果であると考えると別段の不思議はないと言える。

なお、この3大名フレーズの1番目の「日本的経営の3種の神器」は経営コンサルタントのジェームス・C・アベグレンが1958年（昭和35年）に『日本の経営』（ダイヤモンド社）で提唱し世に知られるところとなった。3種の神器とは「終身雇用」、「年功序列」、「企業別組合」のことを指すが、OECDが1972年（昭和37年）に刊行した『対日労働報告書』によって、この3つの日本的経営の特色を追認したことによってより広く世に知られるところとなった。

2番目の『会社の寿命は30年』は日経ビジネス誌が1983年（昭和48年）に発表した、ひとつの会社が本当の意味で繁栄できる期間は30年程度だとする記事が契機となっている。会社も商品と同じように創成・成長・成熟・衰退のサイクルを辿るが、真の意味での繁栄期間は30年だ、という調査をベースとする報道記事は産業界に多大の影響を与えた。そして、当時まだ色濃く残っていた日本的経営の3種の神器にも少なからぬインパクトを与えた。

3番目の名フレーズである「企業は環境適応業」が何時、誰によって提唱され始めたのかについては、残念ながら私自身は事実関係が把握できていない。ダーウィンが『種の起源』で「最も強いものが生き残るのではなく、最も賢いものが生き延びるのでもない。唯一生き残るのは、変化できるものである」と述べていることが大本だとする説がある一方で、これはある経営学者の解釈であるという説もある。いずれにしても、「企業は環境適応業」が、日本人によって初めて提唱されたオリジナルの概念というにはいささか無理が伴いそうである。

Ⅱ

コンサルティング業務の厳しさとやりがい

1 なぜ50年間コンサルティング業務に携わることができたか

(1) 2人の師匠に学ぶことができた僥倖

私が79歳でコンサルティング実務の第一線より退いたことはすでに記した。29歳で中小企業診断士の資格を取り、コンサルタントのまねごとを始めてからカウントすると、半世紀もの長きにわたり第一線で実務に従事したことになる。大変幸せなことと言わなければならないが、それが可能であったのは何といっても諸環境と健康に恵まれたことが大きい。また、自分の経営コンサルタントとしての将来のあるべき姿について、何がしかの問題意識を持ち続けたこともプラスに作用したといえるかもしれない。

経営コンサルタント指導者養成講座を受講する機会に恵まれたことが、何よりもの幸運であったことは何度も述べたのでここでは繰り返さない。給費生はこの講座を修了すると日本生産性本部経営指導部（現コンサルティング部）所属の経営コンサルタントになるわけであるが、当時の経営指導部では、ジュニアコンサルタントを育成するためチューター制度を導入していた。力量のある本部コンサルタントが実際の企業診断・指導の場に新人を帯同し、オン・ザ・ジョブ・トレーニングを行う仕組みである。

私はこの制度のお陰でジュニアコンサルタント1年目と2年目の時期に、力量ある二人の本部コンサルタントに企業診断・指導の現場で直接ＯＪＴを受ける幸運に恵まれた。具体的には現状分析の進め方、当該テーマ解決のための基本構想の描き方、具体的な問題解決の進め方、資料や報告書作成の方法等はもちろんのこと、経営者との接し方、プロジェクトチームのリードの仕方、新たなテーマへの展開の図り方等々について学ぶことができるという何物にも代えがたい貴重な場であった。

これらについて書物で学ぶことが可能なものもあるが、むしろ学ぶことができないものの方が多いと言わなければならない。特に対人関係に関しては個別性が高いため、到底パターン化などできるものではない。こうしたコンサルティング実務に必要な諸々を優れた先輩コンサルタントから学ぶことができたことは、コンサルタントとしての大きな財産となったことは紛れもない。

優れた二人のチューターから学んだことは図り知れないが、私はある時期に両師匠の中間的色合いを持ったコンサルタントになろうと心に決めたことを鮮明に記憶している。ただし一直線上の中間点では何の変哲もないので、正三角形上の一点でありたいと願った。その願いが実現したかどうかは定かではないが、コンサルタントとして守・破・離の守の段階で力量ある二人の師匠との出会いがあったことは、途方もなく大きな幸運であったと今更ながら深く感謝している。

このジュニアコンサルタント時代の忘れようにも忘れることのできない思い出は、ある中堅造船会社で担当したプロジェクトのことである。諸般の事情によって急遽私が単独で賃金制度の設計・導入のプロジェクトを担当する羽目になった。なるほど中小企業診断士資格取得のため勉強した通信教育のテキストにも、養成講座の授業にも賃金を含む人事・労務管理の科目はあった。しかし、個別企業での賃金制度の設計という話になると、こうした一般論ではまるで対応できない。

結局このプロジェクトをまとめるのに1年少々の期間を要したが、その間、文字通り筆舌に尽くしがたい苦しみを味わった。この間に30冊にも上る賃金関係のテキストを熟読したほか、考えに考え貫く悪戦苦闘の日々を送った。最終的にはプロジェクトチームのメンバーの協力と知恵のお陰で、幸運にも何とか新賃金制度の設計・導入に漕ぎつけることができた。つくづく「窮すれば通ず」とはよく言ったものだと感じ入った。

このプロジェクトの過程で練り上げた賃金制度設計に関する基本的考え方と手法は、その後生涯にわたり役立ったので1年余りの難行苦行を補って余りあるものがあった。それも然ることながら、難破の危険に晒されながらも一つの仕事をやり遂げた達成感を深く味わうと共に、その後への見通しらしきものを得たことの意味も大きかった。コンサルタントになってから、比較的早い時期に出版できたのもこのプロジェクトで鍛えられたお陰である。

(2) 息長く続けた体力強化と維持への取り組み

コンサルタントとして長く第一線に留まることができた要因として、健康に恵まれたことも挙げなければならない。79歳を迎えてから入院のためプロジェクト活動を2、3回休んだことはあるが、それまでに病欠したことは唯の一度もない。もちろん生身の人間であるから風邪をひくこともあれば体調の悪い時もある。しかし、コンサルティングや研修講師の業務は基本的にピンチヒッターの利かない仕事であるので、おいそれとは休むわけにはいかなかった。現に40度前後の発熱を押して研修の講師を務めたこともある。

かてて加えて私は体育系人間であることを看板にしてきたので、その手前もあって安易に休むことなどできなかった事情もある。それだけに健康維持、体力増強には応分のエネルギーを注がざるを得なかった。若い頃、コンサルタントに必要なのは体力・気力・努力だという話を聞いたことがあるが、確かに体力が基盤となる要件であることは間違いない。体力があってこそ気力が満ち、努力も続けることができることができるからである。

健康維持と体力増強のために取り組んだことの一つにジョギングがある。これは31歳から60歳まで続けた。具体的には週2～3回5㎞程度のコースをゆっくり走るようにした。ただし、出張の時までジョギングシューズをもって行くようなことはしなかった。そのため週に2～3回のペースに落ち着いたのである。60歳を過ぎてから今日までは、事情の許す限り連れ合いと毎日早朝に1時間程度のウォーキングをするようにしている。

こうした話を研修会等の本論と本論の間によく紹介した。そのねらいは、自分自身に枷をはめることにある。こうこうこういうことをしている、と大勢の前で話をした以上続けざるを得なくなるからである。実によくしたもので何年か経ってからあれは続いていますか、などと尋ねてくる人が必ず現れるのである。あくまで自分で自分をコントロールする自律が基本であるが、このように他律のよさを活用するのもまた生活の知恵というものである。

このほか30代、40代は週に最低1回はプールに出かけるようにした。実は、50歳になれば同年代の人たちが参加するマスターズにチャレンジしようと内心密かに思っていた。私は30代後半になってからも50mを35秒台で泳ぐことができたが、年齢別とはいえマスターズともなるとレベルに違いがあり過ぎることを知りあっさり断念した。「葦の髄から天井を覗く」とは、まさにこのことかと思い知らされた。

50代以降はゴルフを楽しむようになった。しかし、歳を取ってから始めたゴルフであるので、元剣道部員としての願いもむなしく上達しなかった。記録を見ると年間平均スコアが56歳で初めて100を切るというレベルである。その後は、70歳台後半まではそのベースをキープすることができた。私がプロジェクト活動を共にしたメンバーの中で最も上手な人は、79歳までに何と9回ものエイジシュートを達成している。

(3) コンサルタント報酬体系のインパクト

このように体力の強化・維持に意識的に励んだのは、もともと運動好きだったこともあるが、うかうか病気などしておれないという環境下におかれたことにもよる。その理由はこうである。それは当時、日本生産性本部所属のシニアコンサルタントの報酬体系が完全稼働給制であったことである。固定給がないという世界は、体験してみないと分からないが厳しいことこの上ない。

ジュニアコンサルタントの時代は固定給制であったが、両三年後にシニアコンサルタントに立場が変わると、固定給のない完全稼働給制の報酬体系が適用されたのである。固定給がないということは、働かなければ文字通り収入がゼロになることを意味している。こうした世界ではうかうか病気などしておれないことは容易に理解していただけると思う。まさに完全日当方式、1日働いていくらの世界だといってよい。

このようなドラスティックな報酬体系は、給与水準がある程度以上でないと成り立たないことは説明するまでもない。ちなみに、連れ合いが保管していた1975年（昭和50年）当時の報酬支払明細書よりシニアコンサルタント初年度の税込報酬額総計を算出してみると、年間490万円であった。これを物価上昇率にスライドさせて現代の水準に修正すると、例の高度プロフェッショナル制度を適用してよいレベルの給与水準であることが確認できた。

近年議論が盛んな働き方改革の一環として議論されているテーマに、この高度プロフェッショナル制度がある。ポイントは、年収1,075万円以上の専門職には労働時間の規制を適用しない、としていることである。この高度プロフェッショナル制度を前提にして考えると、当時の日本生産性本部シニアコンサルタントの報酬体系は、それなりに筋の通ったものであったとの評価もできる。

ただ最低保障給などのセイフティーネットがなかったので、下手に病気など出来ないという環境下にあったことは間違いない。そのために私の場合は、先に述べたようにコンスタントに運動に取り組むようになり、それがいつしか習い性になったことは否めない。こうした面からも、人の環境適応能力はなかなかのものだと感じさせられる。

物事には光と影の両側面があるが、働き方改革についてもまったく同じことがいえる。付き合い残業など意味のない労働は、直ちに見直すことが望まれる。ただし「過ぎたるは猶及ばざるごとし」というように、残業時間の規制が厳しいために若い人たちが寝食を忘れて仕事に打ち込むことができる場がなくなると、力量ある人材やプロフェッショナルを育てるうえでのマイナス面はあまりにも大きい。

もしプロスポーツの世界に練習時間を規制するような考え方を持ち込んだとしたら、選手の実力が上がるか下がるかは目に見えている。練習時間と労働時間を同じように扱うことはできないが、企業等の組織にもプロフェッショナルの存在が欠かせないことは議論の余地がない。したがって、高度プロフェッショナル制度は企業等にとって不可欠のものであり、今後の課題は30代前半までの社員がこの制度にチャレンジしたくなるような人事制度上の仕組みを工夫することにある。

(4)　専門分野の確立と独自性追求への挑戦

第一線で長く実務に携わることができたもう1つの理由に、専門分野を次第に人事領域に絞っていったことがあると思われる。コンサルタントとして経験の浅い頃には自分で仕事を確保する力量はないので、与えられた仕事をこなすことに全力を挙げるしかない。企業経営の3要素は人、物、金であるといわれているが、私はこの中では人の問題に最も関心があり、できればこの領域を専門分野にしたいと望んでいた。敢えて理屈を付ければ、この3要素の内で他の要素に対して主体的に働きかけることができるのは人のみであることがその理由である。

私は日本生産性本部のジュニアコンサルタント時代に、幸いにも2社で人事制度の設計・導入のプロジェクトを先輩コンサルタントのアシスタントとして手伝う機会に恵まれた。そのうちの1社では賃金制度の設計に単独で取り組まざるを得なくなり、難儀したというより相当追い込まれた状態に陥ったことはすでに述べた。それはともかく、コンサルタントになってから両三年の間に主として人事領域の仕事に携わったことが、事実上その後の進路を決定したといってよい。

たとえ人事領域のコンサルティングを希望していたとしても、ジュニアコンサルタント時代にいくつかマーケティング絡みのプロジェクトに携わっていたら、私の専門領域があるいはマーケティングになっていた可能性もある。このように見てくると、人の生涯は自分の力ではどうすることもできない運に大きく左右される面のあることが分かる。所詮、人の一生はお釈迦様の手のひらで踊っているようなものかも知れない。

経営コンサルタントは企業経営全般をバランスよく診るゼネラルコンサルタントと、特定領域に特化したスペシャルコンサルタントに分けることができる。医療の世界においても総合医と専門医という概念があるのと類似している。日本生産性本部の経営コンサルタント指導者養成講座が、ゼネラルコンサルタントを育成するためのベースを提供しようとしていたことは紛れもない。

しかし、私自身は企業経営に関するあらゆる領域の問題・課題の発見・解決に当たるゼネラルコンサルタントになることなど、自分の能力では到底無理な相談だと端から考えもしなかった。経営コンサルタントにとっては、自分がどのようなコンサルタントになるのかの方向決めをすることは一大テーマだといえる。私の場合は人の問題、中でも人事制度の設計・導入とフォローアップを専門分野とすることを願い、幸いにもその希望が叶った恵まれた例だといえる。

このように専門分野を絞ると、当然のことながらその分野に関して深く掘り下げて行くことが求められる。他の分野の仕事を事実上放棄するわけであるから、当該分野に関してはそれなりに特色・個性のあるコンサルタントになることが要件となるからである。そのための手っ取り早い方法であると同時に、オーソドックスな方法に出版がある。

賃金に関する著書の公刊ができたはコンサルタントになってから5年目の1976年（昭和51年）のことであるが、なぜ執筆できたかについては二つの理由を挙げることができる。一つはすでに述べたように、初めて単独で担当した企業での賃金制度の設計・導入プロジェクトでは文字通り険しい茨の道を歩むことを強いられたが、その過程でそもそも賃金とは何か、わが国企業における賃金水準と賃金制度のあり方、賃金制度設計の手順と具体的手法、賃金制度運用に関するあり方・ノウハウについて、自分なりの基本的考え方を固めることができたことが大きかった。

出版が実現したもう一つの理由は、本部コンサルタントになって4年目に経営コンサルタント指導者養成講座の賃金管理講座講師のお鉢が回ってきたことである。当時賃金管理講座は3日間コースであったのでその準備、つまりテキストの作成はかなり負担になった。しかし、幸いにも前年度に苦しみ抜いた賃金制度設計・導入の経験と具体的な材料があったので、何とかテキストを取りまとまることができた。このテキストにさらに加筆・修正を加えることによって翌1976年の公刊が現実のものとなった。

単著を公刊した際に最も強く感じたことは、日本一下手な本ではないかという恥ずかしさであった。しかし、幸いなことに1979年の改訂版、1982年の3訂版、1986年の4訂版と内容の刷新を図る機会に恵まれ、1989年の4訂版4刷を最後に市場から姿を消すことになった。

2 新人事制度が導入できなかった唯一無二の企業

(1) 労組による新人事制度導入の断固拒否

私はこれまで述べてきたように人事領域のコンサルティング、今風に言うと人材マネジメントの仕事に主として従事してきた。79歳で第一線を退いたが、最後の3年間の仕事も新人事制度の設計・導入とフォローアップであった。この組織の新人事制度も導入され、運用が始まっている。このように設計した新制度は実務に導入・運用され、たとえば管理職の意識が変わる、組織が活性化する等の変化が生じることによって初めて成果が上がったといえる。

ところが、約50年間のコンサルティング経験のなかで、折角設計した新制度が導入できなかった企業が実は1社ある。労働組合の反対で設計した新人事制度の導入が一両年遅れるという例は極めて少数派ではあるが無くはない。しかし、労組の反対で結局導入できずに終わったのが、忘れようにも忘れることのできないA社である。仕事には結果とそこに至るプロセスの両面がある。いくら設計のプロセスに見るべきものがあっても導入できなければ意味はない。A社のコンサルティングは紛れもなく失敗例である。

実は、A社には足掛け15年在籍した日本生産性本部を離れた翌々年の1986年（昭和61年）から3年間お邪魔した。当時の従業員数は800名強で世間によく名の知られた1部上場企業であったが、現在も健在である。お邪魔することになったきっかけは、その頃人事制度の設計を支援していたクライアントの紹介によるものであった。

いずれにしても労働組合が新人事制度の導入に反対するのは、人事考課に対するアレルギーに起因する場合がほとんどである。それも管理職に対する不信感が背景になっていることが多い。労動組合の幹部と話をすると、「今回導入を予定している人事考課の基本的考え方、考課の基準や具体的要素、運用のルール等については特段の反対はない。むしろ、そうあってほしいと願っている程である。しかし、あの人達が考課するのかと思うと反対せざるを得ない」という声が聞こえてくる。

たとえそうした声が上がっても余程例外的な企業を除いては、人事担当役員が考課者訓練を徹底するなどの対応策を示すことによって通常は理解を得ることができる。しかし、A社の労働組合は頑として聞く耳を持たなかった。それもその筈で、労組の幹部に筋金入りの社会主義者が複数名いたのである。組合の発行した『新人事制度批判』によって私の著書などもこっぴどく批判されたが、成程そういう考え方もあるのかと逆に参考になったところもあった。

(2) プロジェクト活動の概要とポイント

このA社のプロジェクト推進体制は本格的なものであった。まずプロジェクトチームは取締役人事部長を筆頭に各部門代表の部課長9名によって編成された。活動日は月間4日で、フルタイムで作業に当たった。それ以外にプロジェクト活動の中間日に必要に応じて宿題をこなしてもらった。当時私は40代後半に差し掛かっていたが、プロジェクトチームの平均年齢辺りではなかったかと思う。それだけにお互いに忌憚のない率直な意見交換ができたように思う。

振り返ってみると至極自然なことではあるが、自分の年齢や時代の変化と共にコンサルティングのスタイルが変化していったことは否めない。ジュニアコンサルタントの時代には、ここ一番という踏ん張りどころでは徹夜に近い状態で作業することも珍しくはなかった。特に、力仕事でもある職能資格基準―仕事別・等級別に求められる個別具体的な職務遂行能力―を整理する作業の山場では、合宿し夜を徹してプロジェクトチームのメンバーと共に踏ん張るのが常であった。

この職能資格基準作りはプロジェクトチームのメンバーにとって最も負担の掛かる作業である。が、コンサルタントにとっても肉体的・精神的に多大なエネルギーの投入を要する仕事である。何しろ当該企業の各部門の業務に要求される個別具体的な職務遂行能力を等級別に整然とした形で整理するわけであるから大仕事である。A社でも4カ月掛けてようよう仕上げることができた。

各メンバーがプロジェクト活動の中間日にまとめてきた原案を、一字一句も疎かにせず全員で読み合わせながら必要な修正を加える作業を延々と繰り返すのである。コンサルタントも当然のことながら中間日に原案に目を通し必要な修正を加える、という準備をするので並大抵の負担ではない。しかし、私はこの作業をきちんとやり遂げることが新人事制度に魂を吹き込む最大のポイントだと確信していたので、手を抜くようなことは金輪際なかった。

この作業の過程で、基準の内容や場合によってはテニオハを巡ってプロジェクトメンバー同士が、口角泡を飛ばして激論する場面も珍しくない。またコンサルタントから叱咤激励が飛ぶことも度々あり、各メンバーにとって気の休まることのない4カ月であることは確かである。こうしたプロセスを経て最終的に30～40頁の具体的な職能資格基準がまとまることになる。何年か経ってからプロジェクトメンバーに話を聞いてみると、A社に限らず多くの企業で職能資格基準作りは苦しかったけれど、何より自分のためになり忘れることのできない思い出になっているという感想が多い。

こうした力仕事にもチャレンジしながら人事制度の設計を進めていくわけであるが、1年後には具体案がまとまることになる。A社では新人事制度の基本的考え方と概要、職能資格制度、人事考課制度、賃金制度に関するB5サイズの150頁程度の詳細解説書を作成した。いかに本腰を入れて新制度設計に取り組んだか、まさに一目瞭然といってよい。ここまで準備が整うと、新人事制度に関する管理職用手引きや一般社員用解説書を作成することなどいとも簡単である。A社ではそれほど本腰を入れて取り組んだということに他ならない。

なおA社に関してどうしても触れておかなければならないのは、新人事制度の設計に労働組合の参加を要請したが頭から拒絶されてしまったことである。私は新人事制度の設計に際し、労働組合がある場合は企業を通じて必ず幹部の参画を求めた。こうした要請を拒否された例は、A社の他にもその後2社あった。案の定、この両社では新制度を導入するまでに両三年の歳月を要している。

人事制度を改革する際に会社サイドと組合サイド双方で案をまとめ、そのうえで両案を統合すればよいとする考え方がある。しかし結論からいうと、こうした考え方は単なる絵空事だと言わざるを得ない。なぜなら、現行人事制度の問題点と改革の方向性、新人事制度の基本理念と体系、事業戦略との整合性といったことに関する双方の共通認識がないまま制度設計に入ると、両者の具体案を統合することなど到底できる相談ではない。最初から共通の土俵に上がり、両者がっぷり四つに渡り合うことが望ましい。

(3)　管理・監督職の本格的人事考課研修

A社では制度設計が終わった後、管理・監督者に人事考課研修をかなり徹底した形で実施した。なぜなら新人事制度という仏を作っても、考課者研修を怠ると折角の仏に魂を入れることができないからである。先に「考課制度自体には反対ではない、しかしあの管理・監督者達が考課するかと思うと反対せざるを得ない」という労組幹部の声を紹介した。こうした企業は無論のこと、人事制度が大きく変わるような場合には、いずれの企業においても人事考課者研修の実施は必要不可欠であるといって差し支えない。

A社の考課者研修に携わったお陰で、私の人事考課者研修の基本的スタイルが確立したといってよい。具体的には次のとおりである。まず人事考課者研修は職能考課研修と業績考課研修の二つに分け、それぞれ別日程で実施する。職能考課研修は1泊2日、業績考課研修は1日の日程でそれぞれ別個に行う。これら研修の最大の眼目は、何といっても新しく導入する職能考課と業績考課の基本的考え方と具体的進め方について管理・監督者への徹底を図ることにある。

そのため、A社では職能考課研修も業績考課研修も各回の参加者数を30名までとした。そのうえで管理者、監督者の役割は何かを再確認し、新人事制度全体についての説明を十分にしたうえで具体的・実践的な人事考課者研修を行った。**これらの研修の中で私が強調して止まなかったことを一つだけ挙げると、それは人事考課の考え方・基準・仕組み・方法を理解・習得することもさることながら、管理・監督者は被考課者である部下の職務遂行能力と仕事の結果・プロセスに関する事実をしっかり把握することが最大のポイントである、という一点に尽きる。**

こうしてA社では約1年間にもわたる人事考課者研修を実施したが、労働組合は頑として新人事制度導入拒否の姿勢を崩さなかった。A社のように先鋭的な労動組合の幹部は、人事考課の実施は強者の論理であり人間尊重の精神にも反すると主張する。しかし、人事考課は職務遂行能力と仕事の結果とプロセスを評価することが役割であり、むしろ自分のことを適正に評価してほしい、という多くの社員の根源的な欲求である承認の欲求に応えるためにも欠かせない仕組みだといってよい。

A社始め多くの企業にお邪魔したが、その中に人事考課を実施していない企業が他に1社あった。日本生産性本部時代に研修でお邪魔した従業員200名強の精密機器関連のメーカーであったが、人事考課を止めてから15年になるという。それ以前は考課を実施していたが、社長が鉛筆舐めなめ実施する考課結果の最終調整の納得性がまるで無く、労働組合の猛反対で考課を廃止したまま今日まで来てしまったということであった。

その結果、部下の職務遂行能力や仕事の結果とプロセス等に対する管理職の関心が必然的に弱まり、OJTが計画的・意図的に行われるといった風土からは程遠い状態を招いていた。たかが人事考課、されど人事考課である。制度や仕組みの持つ侮りがたい影響力を決して軽視することはできない。その典型例として、1987年（昭和62年）に国鉄がJRに改組された後の瞠目すべき変化を挙げることができる。親方日の丸という仕組みから、自分たちの飯代は自分たちで稼がなければならない仕組みへの切り換えがもたらした変化だといってよい。

(4) 長期間にわたるプロジェクトメンバーとの交流

いずれにしても、A社は私にとって決して忘れることのできない深い思い出が残る1社となっている。先に述べたように、新人事制度の設計とそのフォローアップのために足掛け3年にわたって文字通り全力投球でことに当たったこと、にも拘らず結局は新人事制度の導入が失敗に終わったことがその理由である。A社に関しては、実はこれ以外にも思い入れが深い理由がもう一つある。

それは当時のプロジェクトメンバー9名の内、4名のメンバーと今も（2020年現在）年賀状の交換が続いていることである。残念ながらすでに逝去した方や途中で疎遠になったケースもあるが、プロジェクトリーダーを含む4名のメンバーとは添え書き付きの年賀状を30数年にわたりやり取りしている。やはり働き盛りの一時期に全精力を注いでプロジェクトに取り組んだというお互いの思いがそうさせているのであろう。

年賀状といえば、最も長く交換が続いているのは日本生産性本部ジュニアコンサルタント時代に初めてアシスタントとしてお邪魔した当時のある企業の元役員とのやり取りもずいぶん長くなった。最初にお邪魔したのが1972年（昭和47年）であるから、かれこれ50年近くになる。そのほか各社のプロジェクトチームリーダーとは、長く賀状交換が続いているケースが多い。コンサルタントはプロジェクトチームと協働して仕事をするのであるから、対人関係に無頓着であることは許されないことが背景にある。

私は第一線より退いたのを機に、A社の4名の元プロジェクトメンバーと同窓会的な集まりを持ちたいという気持ちが強くなってきた。そこでプロジェクトリーダーであった元取締役人事部長に連絡を取った。元リーダーは80歳半ばの年齢であるが、体調が芳しくなく杖なしには歩けない状態で公共の交通機関を利用して出かけることは無理とのことであった。まことに残念の極みながら同窓会は断念せざるを得なかった。

3　人事制度の設計で生涯に都合3度お邪魔した企業3社

(1)　3社の概要とご縁のできた経緯

前節では、おびただしいエネルギーを投入して設計した新人事制度が結局は導入されなかった唯一の企業であるA社について述べた。以下では別の意味で珍しいと思われるコンサルティング事例を紹介する。それは、人事制度の設計で生涯に都合3度お邪魔した企業が3社あるという話である。具体的にはそれぞれ、1回目は人事制度リニューアルのための支援、その6～7年後の2回目は再リニューアルのための支援、さらに何年かが経過した3回目は再々リニューアルのための支援のためにお邪魔した。

いずれのケースも所要期間は人事考課者研修等を含めると1年半程度の期間が掛かるので、これら3社に投入したエネルギー量は膨大なものになる。このうちのB社は日本生産性本部時代からのクライアントで、従業員数約400人で3つの異なる事業領域を持つユニークな製造業である。B社では人事制度の設計・導入のほかにも、経営計画策定のプロジェクト、小集団活動の導入と推進等にも携わった。この他終盤には、ダイバーシティマネジメントの推進に関してもかなりエネルギーを投入した。

次にC社は従業員数700名強の2部上場企業で、銀行経営相談所のコンサルタント2名と共にお邪魔した。なぜこのようなチームに編成になったかというと、C社の当時の人事担当役員が出身行の経営相談所に人事制度改革の相談を持ちかけ、経営相談所から私にチーフとして参画するよう要請があったことによる。さらにその背景には、当該銀行経営相談所が毎年開催していたビジネススクールの人事戦略コースの講師を長年私が担当していた事情がある。

最後のD社は従業員数約800人の店頭公開企業である。この企業にお邪魔することになったのは、専ら生産現場の改革を専門とする指導団体からの要請による。なぜ依頼を受けたかは、一言でいうと人脈ということに尽きる。このD社に初めてお邪魔したのは1996年（平成8年）であったが、このコンサルティングが切っ掛けとなり生涯付き合うことになる人物との出会いがあった。

D社には労働組合があったが、労組の委員長から上部団体に今般会社で人事制度の改革を行うことになった。担当するコンサルタントはこういう人物であるという旨の連絡を入れたようである。すぐ上部団体の幹部から会いたい旨の連絡が入り、話し合いの場を持った。その場で、お互いに腹蔵なく率直に話し合った。波長が合ったというのか馬が合うというのか、この幹部とのリレーションはその後も切れることなく続くことになった。

しかし、その後20年もの歳月が経過し私が70歳代の後半になった時、この幹部の仲介により当該上部団体の人事制度改革を支援することになろうなどとは、夢にも思わないことであった。労働組合運動に肩入れが過ぎて会社を辞めざるを得なくなった私が、そうした役回りを担うことになるなど想像もできないことであった。このような成り行きを宿縁と言うのであろうか。

(2) 予備診断実施の意味と重要性

これら3社でどのようなプロセスを経て人事制度を設計したかについては、大きくは2つのフェーズに分けることができる。一つは予備診断であり、一つは本診断・指導である。後者は表現を変えると長期コンサルティングといってもよい。B社、C社、D社に共通することは、いずれも初回は予備診断を実施してから長期のコンサルティングに入っていることである。人事制度の場合、鳴り物入りでいきなり何々システムの導入といったアプローチが取られることがあるが、決して望ましい方法ではない。

なぜなら、鳴り物入りのシステムが自社にフィットするかどうかを事前に判断することは極めて難しいからである。そのために予備診断というステップを踏み、わが社に相応しい人事制度は何かを見極めることが望まれる。たとえばB、C、Dの3社が流行のシステムだからという理由だけで、職務をキーファクターとする人事制度を安易に導入したりすると、にっちもさっちもいかない結果に終わることは目に見えている。

予備診断はそうした事態を避けるためにもぜひ実施することが望ましい。予備診断のねらいは外部諸環境の動向、経営理念や企業内部の諸実態、現行人事制度の内容と長短、さらには今後の事業戦略の方向性等を踏まえたうえで、人事制度改革の基本的方向、新人事制度の基本理念、体系と概要、制度設計の手順・日程とプロジェクト推進体制等について報告書をまとめ、役員・管理職対象に報告を行うことにある。

予備診断の内容に得心がいけば本診断・指導に進めばよいいし、違和感があればその段階でコンサルティング打ち切りとすればよい。上記のB、C、Dの3社とも予備診断の報告内容を了とし、協働作業を開始したということである。いきなり「ナントカ方式」の導入を始めたりすると、途中で方向性が違うのではないかといったことになり兼ねないが、予備診断を実施している場合はその懸念はない。

ちなみに予備診断は前記のような数百名規模の企業の場合は、断続的に7～8日の日程で行うのが通例である。企業にとって予備診断というステップを入れることのメリットは、何といっても十分納得の上で制度改革に着手できることである。また、事前に担当コンサルタントの人物、物の考え方、力量がよく分かることも捨てがたいメリットだといえるであろう。

なお、ほとんどの企業はこの予備診断から本診断・指導に駒を進めるが、なかには予備診断の結果を受け容れない企業もごく稀にある。社長が超ワンマンで人事制度を改革すると、自分の人事権が著しく掣肘されることになると懸念を抱くようなケースである。私は社員が何百人にもなると管理職は別にして、社長による人事考課結果の最終承認はセレモニーでよいという考え方をしいるが、こうした考え方を受け入れることができない社長もごく稀には見受けられる。

(3) 人事制度設計上の3つのポイント

いずれにしても上記の3社では、予備診断を実施した後長期のコンサルティングに駒を進めることになった。さらに、人事制度リニューアル後何年かが経った後に再リニューアルを、再リニューアル後また何年かが経過した時点で再々リニューアルに取り組んだことはすでに述べた。また、**この3社の人事制度に共通することは人事基本理念を明確にしていること、トータル人事制度を構築していること、職務遂行能力（職能）をキーファクターとする人事制度を導入していることである。**

まず1つ目の人事基本理念を設定するのは、人事制度の運用を通じて何を実現したいのかを明らかにすることにねらいがある。具体的には基本理念は社員個々のレベル、部門・部署のレベル、組織全体のレベルの3段階で設定を行う。たとえば、社員個々のレベルでの基本理念の例を挙げると「職能・役割・業績に応じて公正に処遇し、社員の職能とやる気を最大限に高める」などがその一例である。企業経営に基本理念が欠かせないように、人事制度にも基本理念という拠り所を設けることが欠かせない。

2つ目の人事制度をトータル化することの必要性については、私が社会人となった1960年代（昭和35年以降）より繰り返し議論されてきているテーマである。端的にいうと社員を育て、活かし、評価し、処遇することを相互に関連付け、一本筋を通して人事制度の運用を行うことが欠かせないとする考え方である。人事考課は実施しているが賃金決定とはまるで関係がない、という状態では話にならない。

上記の3社では社員を育て、活かし、評価し、処遇することを一体的に行うため、職能資格制度を中核に人事考課制度、賃金制度、教育訓練制度、異動配置制度を相互に関連付けて運用を図るトータル人事制度の導入を図っている。しかし、これとて仏を作った段階であり本当の意味で制度に魂を入れるには、人事基本理念にのっとり各管理職の運用が適正に行われることが欠かせない。そうした意味で、考課者研修始め人事部門の管理職に対する不断の働きかけが大きな意味を持っている。

3つ目は職能（職務遂行能力）をキーファクターとする人事制度を導入していることである。これに関しては、日本ではそれほど珍しいことではない。しかし、3社では仕事・等級別に求める職務遂行能力を具体的に整理し、そのメンテナンスも相当しっかり行っていることは確かである。仕事別・等級別に求める職務遂行能力を整理した職能資格基準を○○年度版という形でメンテナンスしている例はそれ程多くはないであろう。

近年、人事制度のキーファクターを職務とする例がかなり見受けられるが好ましい現象ではない。その理由は、職務の価値は担当者次第でまるで変わってしまうことによる。その原因は、担当者の職務遂行能力如何で職務の拡がりや深みに大きな格差が生じることにある。やはり、わが国企業では人事制度のキーファクターを職能（職務遂行能力）とすることが望ましい例が圧倒的に多い。

アメリカ流の職務給は、同一職務イコール同一価値という基本的前提に立っている。しかし、先に見たように職務が同じあっても、担当者次第でその価値が大きく変わるのが現実である。したがって、**近年流行りの同一職務イコール同一賃金が成り立つためには、その前提に同一職務イコール同一価値という前提条件が成り立っていなければならない。しかし、現実にはこの基本的な前提条件が成り立っていないのであるから、職務給の不具合が問題となっても一向に不思議ではない。**ただし同一職務であるにもかかわらず、雇用形態の別を理由に賃金格差を設けることは不合理だと言わざるを得ない。

コンサルタントは専門とする領域で、自分なりの物の考え方やノウハウを持たなければならないが、私の場合は人事基本理念の設定、トータル人事制度の設計、具体的職能資格基準の作成を重要視する。B社、C社、D社では2回目の再リニューアルでも3回目の再々リニューアルの際にも、この考え方は支持され維持された。こうした事実はコンサルタントとしてのバックボーンを形成するうえで与かって力があった。これらの企業の弥栄を祈るのみである。

(4) 担当人事部長にまつわる思い出話

これらの企業には、それぞれ足掛け20年にもわたり関わりを持ったことになるが、印象に残っていることを2、3紹介したい。C社に2度目にお邪魔した時も、制度のリニューアル終了後人事考課者研修を実施した。私の場合は人事考課者研修を職能考課と業績考課に分けて実施することはすでに述べたが、両方の研修が終わった後の取締役人事部長の挨拶がいまだに記憶に残っている。

研修への参加者は管理・監督者合わせて約120名であったが、1チーム30名の編成で職能考課研修を4回、業績考課研修を4回それぞれ1日ずつ実施した。これらの研修が終わった時点で、実は参加者120名全員の顔と名前が私の脳裏に刻まれていた。それを察知していた人事部長が最終回の研修が終了した際の挨拶で、「いかに商売とはいえ」よくも120人の顔と名前を覚えたものだという趣旨の話があった。

なるほど研修も商売といえば商売かも知れないが、それにしてももう少しスマートな言い回しはないものかとクレームを付けておいた。確かに研修参加者の机の上にはネームプレートが用意されていた。しかし、グループディスカッションなどの際には名札は机の上に置いたままにしている人も決して少なくない。私は記憶力に自信がある方ではないが、研修参加者全員の名前を覚えることができたのは、その気、つまり覚える気があったからである。

なぜ覚えようとしたかは、研修の成果を上げるには受講生の研修への参画意識を高めることが欠かせないからである。講師が板書しながら「一番後ろの列の○○さん」などと呼びかけ、返事がないと「○○さんは1人しかいませんよね」と畳みかけると場の空気が微妙に変わる。研修はいくら講師が周到に準備し全力投球しても、受講生との呼吸が合わなければ成果を上げることはできない。一体感を醸成する一助として名前を覚えるのである。

D社ではこんなことがあった。私がお邪魔した企業では比較的よく耳にすることであるが、D社でも人事制度設計プロジェクトの終了後に人事部長が文書に厳しくなったという話を聞く機会が何度かあった。ここは「を」ではなく「に」だとか、文章表現に対する指摘が多くなったというのである。その理由ははっきりしていて、職能資格基準を「テニオハ」にも気を抜かず徹底的にこだわりながら作成した経験がそうさせていると言ってよい。

特にこの人事部長にとってショックだったと思われるのは、あるメンバーが作成した職能資格基準の手入れをした際に、コンサルタントからそれは改悪だと遠慮会釈なく指摘されたことであろう。しかも「この直しはこうではなく、こうする方がよい」というおまけ付きであっただけになおさらであったと推測される。恐らくこの一件が、人事部長の文章に対する拘りが本物となる端緒となったと推測される。

なおこのD社の第1回目のリニューアルでは、17等級あった職能資格等級を唯の7等級にダウンサイズする荒療治をしている。このように等級数が多いと、職務遂行能力の状態に関係なく安易に昇格させることになるからである。表現を変えると、企業規模に比べて等級数が多すぎると必然的に年功序列色を助長する結果を招くことになる。天井が高いと、気前よくどんどん昇格させてしまう傾向を招きやすいからである。

4 企業以外に訪れた組織体とコンサルティングの内容

(1) 支援した企業等組織の総数と具体的内容

日本生産性本部の経営コンサルタント指導者養成講座を終了してから79歳で第一線を退くまでに、一体どの程度の数の組織体にお邪魔したか確認してみた。幸いこの間の手帳が残っているので、きちんとチェックしてみたところ、コンサルティングでお邪魔した企業を中心とする数は案外少なく55組織程度であった。私自身もう少し多いかと思っていたのでいささか意外な感があった。

コンサルタント歴が40年、50年にも達すると、診断・指導した企業数が何百社に達する例も珍しくないと思われる。しかし、私の場合は専門分野を人事制度の設計・導入に絞り1年、1年半と時間を掛けながら丁寧にコンサルティングするスタイルであったこと、さらに生涯に2度、3度と複数回お邪魔する企業が多かったことが、このような結果を招いたと思われる。念のために言うと、コンサルティングの他に研修や講演等でお邪魔した企業等が別途60組織程度あることを付記しておかなければならない。

私が携わってきたコンサルティングの内容は、繰り返し述べてきたように人事制度の設計・導入が圧倒的に多い。しかし、40代半ばまでは他の分野のプロジェクトを経験する機会もそれなりにあった。たとえば経営計画の策定、予算管理システムの設計、営業所の診断等にも複数の企業で携わっている。こうしたコンサルティングの体験は本業の人事制度の設計、特に職能資格基準作りをする際に大いに役立った。

これら以外で特に印象に残っているコンサルティングは、1984年（昭和59年）に取り組んだある大手証券会社での企業診断システム開発のプロジェクトである。当時はまだ日本生産性本部に所属していたが、経営コンサルタント指導者養成講座の同期生より某証券会社がこういう案件に関心を持っているという情報提供と担当部門の紹介があった。そこで正規に受注活動を開始し、幸いプロジェクトの開始にまで漕ぎつけることができた。

当時はベンチャーキャピタルに対する関心が高く、投資に値する企業かどうかを診断するシステムの開発が求められていた。このプロジェクトのために、私を含む日本生産性本部経営コンサルタント4名と先方のメンバー6名でチームを編成し、半年間で一気呵成に企業診断システムをまとめ上げた。当時としては、それまでに経験したことのない高額のコンサルティング料であったが、一括前払いという好条件であった。

私自身はこの案件を受注した立場であると同時にシステム設計の責任者でもあったので、このプロジェクトをまとめ上げたことによってコンサルタントとしてのステージを一つ上がることができたと感じた。**やはりビッグプロジェクトに挑戦してやり遂げ、達成感を味わい自信をつけることが、次のステップを踏むための何物にも代えがたいエネルギー源になるとの確信を深めた。**この案件の紹介者であり、共著も著している講座の同期生とは無論今も変わらぬ交友が続いている。

コンサルティングでお邪魔した組織体は企業が圧倒的に多いが、それ以外に学校法人、地方行政体、産業別労働組合がある。人事制度の設計・導入を支援した企業の業種は多岐にわたるが、規模的には数百名規模、具体的には300〜800名クラスの会社が多かった。そのために、人事制度の考え方や仕組みが次第にその規模の企業にフィットする内容になっていったことは否めない。

また、多くの企業で人事制度の設計・導入を支援してきたが、導入した新人事制度が成果を上げることができるかどうかは、プロジェクトリーダーである人事部長のフォローアップ一つに懸かっていることを痛感させられてきた。折角新人事制度という仏を作っても、人事部門のフォローアップが適切でないと魂は入らない。仏に魂を入れる真の主役であるライン管理職に人事部長を中心とする人事部門が人事考課者研修を始め、どれ程働きかけを継続できるかが決め手になるからである。

(2) 学校法人での人事制度改革の支援と蹉跌

企業以外では、二つの学校法人で人事制度の設計・導入のプロジェクトを経験した。学校法人に関しては高等教育部門の教員、初等中等教育部門の教員、事務職員の3系列に人事制度が分かれる。早い話、人事制度が大学の先生用、小中高の先生用、それに事務職員用の3系列に分かれている。その内、企業の人事制度設計の考え方や手法がほぼそのまま通用するのは事務職員のみである。

先に設計した人事制度が導入できなかった企業は生涯で1社のみであると記した。しかし、学校法人の高等教育部門教員の人事制度に関しては、残念ながら両法人とも制度は設計したものの受け入れられることはなかった。企業のようにプロジェクトチームを編成するというアプローチは現実には取れないので、大学教員含む多くの関係者に話を聞きながら膨大なエネルギーを投入して具体案を作成した。しかし、その内容について組織としての理解と承認を得ることはできなかった。

これらのプロジェクトに関して一つだけ具体的な話を紹介することにしたい。2000年(平成12年)頃、この二つの学校法人の大学教員給与体系の中心である基本給は、年齢給と職能給の2本建てであった。年齢給は、同一年齢者は同一賃金であることを意味しており特段の問題はない。いっぽう職能給は人事考課がないため、毎年全員が一斉に標準号俸昇給する仕組みになっていた。年功序列ならぬ極め付きの年々序列の世界であった。

ただし職能給表は教授用、助(準)教授用、講師用の3種類に分かれ水準は異なるが、昇格そのものは極めて年功色の濃い状態であった。そのため、同じ年齢で同時に講師に任用された2人の大学教員が助(准)教授、教授と同じペースで昇格することは起こり得る。そうなると両者は生涯にわたって給与が同一額であることになる。年齢給は別として、職能給までもが生涯同一額ということが生じ得る仕組みであった。

大学教員の評価に関しては近年、種々議論がなされるようになってきている。その代表的な例が、たとえば年度ごとの業績を問うような短期的評価は、高等教育部門の研究能力を劣化させるという主張である。もっともな意見であり、疑問を差しはさむ余地はない。ただし、ノーベル賞級の学者の評価と何年間も論文の一編も著さないような教員のそれを同一の土俵上で論じるようなことをするのは、噴飯ものだと言わざるを得ない。

それにしても高等教育部門の教員の場合、内部的には人事考課の機能が欠落しているに等しい状態であることは決して好ましいことではない。大学教員にも当然職責があり、また人としての承認の欲求がある以上、本来その評価はどうあるのが望ましいかの本格的・具体的な議論がなされて然るべきである。ただ、割愛願いという大学間の引き抜き人事の慣行があるので、学内的にはとも角、学会横断的には評価の機能が働いていることは救いだと言えよう。

なお、両学校法人でコンサルティングに携わっていた頃、私は自分自身を鼓舞するために常にある言葉を胸に秘めていた。それは「学問なき経験は、経験なき学問に勝る」というイギリスの古い諺である。こと人事制度の設計に関しては、たとえそれが高等教育部門教員の人事制度であろうと簡単に引き下がるわけにはいかない、と自負していたということに他ならない。夜郎自大の典型例だと嘲り笑われようと一向に構わないと肚を括って仕事に臨んでいた。

(3) 産業別労組における人事制度改革の支援

企業以外の組織体でのもう一つのコンサルティング事例に、産業別労働組合の人事制度設計・導入の支援がある。これがコンサルタントとして文字通り最後に携わった仕事になった。冒頭部分で述べたように、私は入社した会社での労働組合運動への肩入れが過ぎて居づらくなり転身した経緯があるだけに、何か巡り合わせというか宿縁のようなものを感じさせられた。しかも、その縁結びの神が20年も前に知り合いとなった元幹部であっただけに尚更である。

この組織には結局3年間お邪魔したが、企業の人事制度設計で重要視してきた人事基本理念の設定、職能をキーファクターとするトータル人事制度の設計、具体的な職能資格基準の作成については、紆余曲折はあったが最終的には理解と納得を得ることができた。特に職能資格基準を仕事別・等級別に具体的に作成することに関しては当初相当に違和感があったようであるが、プロジェクトメンバーの理解と協力により解決への道が拓けた。

企業経営の3要素は人・物・金といわれるが、まさか産業別労働組合が物的設備や資金力で勝負するわけにはいかない。当然のことながら人が道を切り拓いて行かなければならない。新たに掲げた人事基本理念で人材育成の重要性を高らかに謳いながら、組織の実態に即した具体的な職能資格基準さえ示せないようでは話にならない。この組織で新人事制度導入後にすぐさま職能資格基準の改定作業に着手したという事実は、職能資格基準の重要性がしっかり認識されていることの証左と言えよう。

人事制度の設計後は当然のことながら、人事考課者研修をきちんと行った。それだけではなく、定時職員含む被考課者研修も併せ実施するという徹底ぶりであった。私自身はパートタイマーの女性だけを対象とする被考課者研修は初めての経験であったが、結構難しくて実にいい勉強と同時に刺激にもなった。定時職員には何十年以上にわたり人事考課などなかったのであるから、人事考課とは何か、なぜ必要かというそもそも論から説明を始めないと、ピンとこない様子であった。

新しく導入した人事制度が定着し、今後人材の育成、組織の活性化、産業別労働組合の使命達成等の面で然るべく貢献できることを希求するのみである。それにしても私がコンサルタントになった当時は、労働組合といえば人事考課反対一色で凝り固まっていたが、産業別労組が外部専門家との協働作業の下に自組織の人事考課制度の見直しを含む人事制度の刷新を断行するなど、まさに今昔の感に堪えない。

5　プロジェクトチームの編成と運営要領

(1)　プロジェクトチーム編成の目的と運営のコツ

コンサルティングについては次いで、コンサルタントが主導するプロジェクトチームの編成と運営方法について述べることにする。人事制度設計に関する実務書は数多く出版されているが、制度設計を行うためのプロジェクトチームをどのように編成し運営するかについて詳しく記述したものはあまり見当たらない。プロジェクトチームの運営は人間関係等が絡むため、パターン化しにくいことによるものと思われる。

まず、中堅企業において人事制度を設計するためプロジェクトチームを編成する目的は、人事部門だけでは力不足であるため各部門の力を借り、自社の実態に即した納まりのよい人事制度を構築することにある。そのポイントは、私が各社で膨大なエネルギーを注いで取り組んできた具体的な職能資格基準を作成することが人事部門だけでは難しいという事情による。また各部門の協力を仰ぐことは、ラインによる人事管理を推進する上で結果的にプラスに働くというメリットもある。

プロジェクトチームは、人事担当役員または人事部長を筆頭に各部門代表の7名前後のメンバーで構成されるケースが多い。各部門代表には若手の部課長が推薦されてくる例が圧倒的である。このほか私は、労働組合の幹部にも必ず参画を求めてきた。共通の土俵上で丁々発止の議論を繰り返しながら、コンセンサス作りをする方が話が早いからである。また、1985年（昭和60年）に男女雇用機会均等法が施行されてから女性がプロジェクトチームに参画するケースが徐々に増えてきた。

私はプロジェクトチーム活動を、月間4日フルタイムで行うのを標準的スタイルとしてきた。日帰り可能圏であれば飛び飛びに1日ずつの合計4日、宿泊が必要な場合は連続2日の月2回で合計4日ということになる。コンサルタントは、こうして編成されたプロジェクトチームに必要な助言・指導する使命を担っている。具体的には、プロジェクト会議の司会・進行と取りまとめを行うことが役割である。

一見そうした役割はプロジェクトリーダーである人事部長なりが果たすのが筋であるように思えるかもしれない。しかし、現実にはプロジェクトリーダーがよほど傑出していない限り、この役割を果たすことには無理が伴う。早い話、そうした役割が果たせるリーダーがいる企業はコンサルタントを依頼する必要などさらさらない。単に知識があることと、できることとは別のことであり一緒くたにはできない。

これは間違いなく失敗例であるが、私は若い頃、職能資格制度、人事考課制度、賃金制度の設計・導入を、企業の要請に応じてプロジェクトチームのメンバーと共に4カ月で行ったことがある。しかし結論から言うと、このプロジェクトは失敗に終わった。導入された新人事制度が人事部門メンバーの理解不足のためうまく回らなかったからである。一般的にビジネス上の行動は「巧遅より拙速を貴ぶ」が基本であるが、このプロジェクトの場合には、あまりにも拙速に過ぎたため事志とは違う結末に終わってしまった。

(2) チームメンバーとの信頼関係確立法―その1

ところで、コンサルタントがプロジェクトチームのメンバーと協働作業を進めるうえで大事なことは何であろうか。結論から言うと、チームメンバーとの信頼関係を確立することに尽きると思う。人事制度の設計・導入に限らずプロジェクトに携わるコンサルタントがチームメンバーとの信頼関係確立に無関心でいることは到底許されない。英知を結集するうえで大きなマイナスになるからである。

問題はどのようにして信頼関係を確立するかであるが、コンサルタント側に要求されることは、専門分野に関する一定レベル以上の力量を備えていることが第1要件である。いくら大風呂敷を広げても、1年も1年半も一緒に仕事をすると実力は白日の下に晒されることになる。「水は落差のある程よく流れる」というが、プロジェクトメンバーとの間に力量の格差があるほど信頼関係は増すといってよい。

そうした意味で、コンサルタントは専門分野に関する著書があるに越したことはない。私の経験では著書が10冊を超えると思わぬ所で名前が知られていることがあり、フリーランスのコンサルタントにとって死活の意味合いを持つ受注活動にもプラスに働くようになる。また本当の意味で思考がまとまるのは、話すことによってではなく書くことによってであるので、コンサルタントも仕事の上で考え抜いたこと、苦闘を重ねた体験を体系化し原稿に取りまとめることが望ましい。

信頼関係を確立する上での第2の要件は段取りよく、手際よくプロジェクトの進行を図ることである。そのためには、プロジェクト全期間にわたるスケジュールが頭に入っていなければならない。表現を変えると、1年なり1年半のプロジェクト活動全般にわたる手順・日程計画を予め提示することが欠かせない。それも大項目1、2、3、…だけでなく、大項目ごとに（1）、（2）、（3）の中項目レベルまで示すことが望ましい。

そのうえで私はプロジェクト活動初日に行うオリエンテーションの最後に、1年間にわたるプロジェクト活動の日程を決めることを常としていた。いきなり月間4日、年間で48日もの日程を決めるわけであるから、びっくり仰天するメンバーも少なくない。しかし毎月、来月は何日にしましょうかなどと悠長なようなことをしていては、7名も8名もいるメンバーの日程が折り合うことなどあり得ない。

この方式のメリットは、プロジェクトメンバー全員の覚悟が改めて決まることである。中には軽い気持ちで第1回の会合に臨むメンバーもいるが、重大なクレームへの対処以外はこの日程を最優先していただきたいと畳みかけられれば、全社横断的プロジェクトの意味とその重要性を改めて認識せざるを得なくなる。それでも抵抗を示すメンバーが万一いるなら、そこは責任者である人事部長の出番ということになる。

このほかプロジェクトの進行をスムーズに図るため、活動日ごとの作業手順をその都度示すようにした。今日の検討項目はこれとこれ、もし時間があればさらにこれ、各項目については、さらに細かい討議の進め方を予め示すようにした。料理の世界には「材料七分に腕三分」という言葉があるが、それをコンサルティングの場合に当てはめると「準備七分に本番三分」ということになる。さらに研修などの場合は「準備九分に本番一分」になるといっても差し支えない。

(3) チームメンバーとの信頼関係確立法―その2

コンサルタントがプロジェクトチームとの信頼関係を確立するための第3の要件は、各メンバーが働きやすい環境を整備することである。具体的には、各メンバーが遠慮なく物が言える雰囲気作りをすることを意味している。メンバー相互が本音で率直に物が言えないような空気では、衆知を結集することなど出来ないからである。そのために次のようなことに意識的に取り組んだ。

まずプロジェクトチーム活動の場では、お互いに一メンバーとして対等であることを強くアピールした。それぞれ社内での立場や担っている役割は異なるが、こと新人事制度の設計に関しては全員が同じ使命と責任を有する対等な立場にあるので、お互いに遠慮することなく率直に意見を述べてほしい旨要請した。コンサルタントの意見に対しても同様であることも強調した。

こうした空気を醸成するため、メンバーの意見を求める際ブレーンストーミングを意識的に活用した。この手法はアイデアが必要な時によく用いられるが、ブレーンストーミングを行う際には批判厳禁、自由奔放、質より量、結合改善という全員が守るべき4つのルールがある。私はプロジェクトメンバーが本音で率直に物が言える雰囲気づくりをするため、このブレーンストーミングを大いに活用した。

特に重視したのは批判厳禁というルールである。仮にチームの年配者が若いメンバーに「君の考え方はまだ青い」などと言おうものなら、いっぺんに場の空気に自由奔放さがなくなり、アイデアの量も期待できなくなる。それだけではなく、出されたアイデアを結合して新たなアイデアを生み出す結合改善も制約されてしまうからである。アイデアや意見の適否は後でじっくり検討すればよいのだからということで、ブレーンストーミングの場での批判は厳禁とした。

このようなことを何度か繰り返している内に、プロジェクトチーム流の建設的な討議が自然にできるようなる。念のために言うと批判に意味がないということではなく、建設的批判は必要不可欠であるが、単なる批判のための批判は意味がないということである。私は自分一人でブレーンストーミングをしばしば活用してきたが、各企業でもっとこの手法を活用してほしいものだと切に願っている。

　プロジェクトチームのメンバーとのやり取りに関しては、かつてこんなことがあり忘れられない思い出になっている。ある企業のプロジェクトで侃々諤々の議論をしている最中に、若手メンバーが述べた意見に対して、私がそれは卓見だと高く評価したことがある。後で当のご本人が私のところにやって来て、自分は入社以来上司にほめられたことが唯一の一度もなく、今日ほめてもらって感激している、有り難うございました、というご挨拶があった。それを聞いて私の方も感激してしまった、という30代後半の頃の忘れがたい思い出がある。

　コンサルタントがプロジェクトチームとの信頼関係を確立するための第4の要件にトップ、通常は社長との信頼関係の確立と維持がある。私の場合はすでに述べたように、予備診断を実施した後に長期のコンサルティングに入ることを基本的スタイルにしていたので、プロジェクトチーム活動が始まる頃には、すでにトップとある種の信頼関係が確立しているのが常であった。

　CEOである社長には、企業経営に関する様々な側面でリーダーシップの発揮が期待されているが、それがあまり高じ過ぎると超ワンマンと言われるようなことになる。中には社長ではなく、どういう訳か総帥などと呼ばれているような企業もあった。いずれにしてもこうした会社のプロジェクトチームのメンバーには、いくらチームで議論を積み重ねても社長の一言ですべてがひっくり返ってしまうことを恐れる人が必ずいる。

そうした状況下にある企業では社内メンバーである人事部長よりも、外部の専門家であるコンサルタントがその懸念を払拭する役割を果たさなければならない。そのためにもコンサルタントは、社長との信頼関係の確立と維持を図ることが求められている。したがって、長期のコンサルティングにおいても要所で社長への報告と意見交換を行うことが欠かせない。そうした意味でも長期のコンサルティングに入る前に、予備診断を実施することの意味は大きいものがある。

各社のプロジェクトチームのリーダーはこうした事情が分かっているため、コンサルタントが社長との面談を要請するとスムーズに受け容れられるのが常である。しかし、ある特定の組織だけコンサルタントがトップと会うことを頑なに避けようとした例がある。再三再四要請したが最後まで協力が得られなかった。コンサルタントの説得力不足ということであるが、何か他に思惑があったのかも知れない。極めてまれなケースだけに強く記憶に残っている。

6 受注活動のあり方と進め方

(1) 受注力を高めるための基本的要件

コンサルタントの使命はクライアントの満足を得ることのできるきちんとした仕事、表現を変えると生産性の高い仕事をすることにある。つまり約束した期日内に、決められたコンサルティング料の範囲内で、顧客満足度の高い成果を上げることに尽きる。品質、原価、納期の3要素の充足が求められるのは、他の商品の場合とまったく同じである。ただし、それもこれも仕事があってこその話である。

仕事の確保ができないコンサルタントは、たとえしっかりした組織に所属していても将来への確かな展望を切り拓くことはできない。ただし、ここでいう仕事の確保は広い意味での受注力であり、たとえば研修でお邪魔した企業からリピートオーダーがあるような場合も当然含む。本当の意味での受注力ということになると、所属組織とはまったく関係のないルートから仕事の確保ができることが要件となる。

そうした意味で、受注力のアップを図るうえで最も基本的なことは、クライアントの満足が得られる仕事をすることが一番である。仕事に出かける度にクレームが付くようでは話にならない。また複数のコンサルタントで研修を担当するような場合、たとえ本人の仕事は合格レベルであっても、リピートオーダーが来るのはお邪魔した中で最も評価の高いコンサルタントだけといったことも起こり得るので油断がならない。

いずれにしても品質の優れた仕事をすることがすべてのベースであるが、大事なことは年々歳々仕事のレベルを少しずつではあっても着実に高めていくことである。**仕事のレベルが1年目と3年目、5年目と10年目、15年目と30年目で同じであってはならない。コンサルタントには現役である限り、生涯当該テーマに対する深い関心の持続、情報収集の継続、自分なりの理論の構築と手法の開発を続けていくことが求められている。**

以上から明らかなようにコンサルタントとしての受注力をつけるには、一つひとつの仕事にベストを尽くしながら5年、10年、20年、さらには30年、40年と実績を積み上げていくしか決め手はない。その過程で次第に自分の考え方がまとまり、独自の理論やノウハウが形成されることになる。その結果、専門誌への執筆や出版にも手が届くことになるが、その段階まで漕ぎつけると次第に受注力のアップにつながることになる。

私は35歳から60歳まで特別のことがない限り、毎朝5時に起きて7時まで原稿を書くことを自分に課してきた。一言でいうと好きだからこそ続けることできたといえるが、そうした事実が一定水準の仕事をすること、ささやかながらも独自の理論や手法を開発すること、さらには出版のチャンスに恵まれることにもつながったと理解している。いずれにしても20年、30年という歳月にわたって続けたジョギングと原稿執筆は、私のコンサルティング活動を支える車の両輪であった。

(2) 所属機関ルートを通じての受注

コンサルタントが仕事を確保・受注するルートは一律ではないが、私自身の場合は次の4つのルートに整理できる。第1は所属機関ルートである。これは自分が所属する組織から仕事の割り当てを受けることを指している。私が日本生産性本部に所属しているときには当然生産性本部から仕事の割り当てがあるが、これが受注形態としては最も基本的な所属機関を通じての受注である。

私は足掛け15年間日本生産性本部に席を置いたが、当初は当然のことながらこのルートでの受注ばかりであった。本部から割り当てられた仕事を一つひとつ大事にしながら、コンサルタントしての力量を涵養する期間であったといえる。この時期には確たる専門分野などまだないので、与えられたテーマに全力でチャレンジすることが仕事であった。しかしこの時期に未知のテーマに全力を挙げてぶつかり、苦心惨憺しながらも問題・課題の解決を図るという体験を積み重ねたことは、コンサルタントとしての大きな財産となった。

また、すでにI章で紹介したように当時の日本生産性本部経営コンサルタント指導者養成講座には、座学だけでなく実際に企業に出掛けてコンサルタントとしての腕を磨く実習という仕組みが設けられていた。実はこの実習が、インストラクターを担当する本部コンサルタントにとっては絶好の受注機会となった。実習生とはいえ2週間にもわたって調査し改善案をまとめるわけであるから、それを土台にした長期指導の依頼があっても一向に不思議ではないからである。

現に私もこの企業診断実習がご縁で長期のコンサルティングを担当することになった企業が何社かあり、本部を離れてからも10年、15年と付き合っていただいた。改めて貴重な受注ルートであったことが確認できる。いずれにしても、私の場合は経営コンサルタント指導者養成講座時代を含め約15年間日本生産性本部に所属したことの意味は計り知れないほど大きなものがある。

(3)　外部専門機関ルートを通じての受注

受注ルートの第2は外部専門機関ルートである。私の場合は、日本生産性本部を離れてからご縁ができた都銀系の総合研究所と地銀系の経済研究所の2つのルートがあった。前者に関しては、同研究所が主催するビジネススクールの人事戦略コースの講師を18年間にわたって務めたが、そのご縁で同研究所所属のコンサルタントとチームを組んで長期にわたるコンサルティングに従事する機会が何度もあった。

しかし振り返ってみると、この総合研究所とご縁ができたのも日本生産性本部経営コンサルタント指導者養成講座の同期生とのご縁がそもそもの発端である、という事実に行き着く。実はもう一つの経済研究所ルートのほうも、同講座ＯＢとのご縁によって付き合いが始まり長年にわたるご縁を取り結ぶことができた。このように見てくると、人は人によって生かされていることの意味がよくよく実感できる。

この経済研究所ルートの方は本体融資先のコンサルティングから始まり、そのご縁で経済研究所主催の定期人事・賃金セミナーの講師も長年にわたりコンスタントに務めることになった。同経済研究所絡みのプロジェクトでは、研究所所属のコンサルタントと共にトータル人事制度の設計、賃金カット、パートタイマーの本格的人事制度の設計・導入、それらに付随する各種研修などにも携わった。

実は、この賃金カットのコンサルティングに取り組むかどうかを最終的に判断するに先立って、オーナー社長と面談し役員報酬の現状と今後の方針について尋ねてみた。その返答が社長報酬はすでに返上しているとのことであったので、このプロジェクトをお引き受けすることにした。**参考までに2001年（平成13年）頃に仄聞した話であるが、オーナー社長の報酬は返上もカットもすることなく、他の役員と社員の賃金のみカットした企業も現実にあるということ**

とであった。こういうタイプの企業では、コンサルティングを引き受けることなど到底できない。

忘れもしないこの賃金カットのプロジェクトは、思わぬハッピーな結末が待っていた。それはプロジェクト開始後半年ほど経った頃から会社の業績が回復し始め、結局は賃金カットの実施は見送られることになったのである。コンサルタントとしては多くの社員の怨嗟の声、恨み節を聞くこともなく、しかも賃金カットについての考え方や具体的手法の取りまとめができた。その上、このテーマに関する出版の要請にも応じることができたという実にラッキーなプロジェクトであった。

いずれにしても、この銀行系の総合研究所と経済研究所からはコンスタントに協働プロジェクト推進の要請をいただいた。会社組織にしているとはいえ、基本的にはフリーランスのコンサルタントにとって心強い受注ルートの一つであった。

(4)　人脈・紹介ルートを通じての受注

受注ルートの第3は、人脈・紹介ルートである。このルートは、コンサルタントとしての実績を積むにしたがって自然に拓けてくる性格を持っている。具体的にはコンサルティングでお邪魔した企業での仕事ぶりが評価され、関連企業等での問題・課題解決等を依頼されるケースがこれに該当する。このルートの拡充を図るには、担当プロジェクトでのアプローチ法やアウトプットの品質面で圧倒的な評価と支持を得ることが要件となる。

いずれにしても、コンサルタントとしての実力を培い小規模企業から中規模企業、中規模企業から大規模企業へとクライアントが変化すると、この人脈・紹介ルートは計り知れない程の大きな財産になる。ただし、このことは正に「言うは易く行うは難し」の典型例であり、フリーランスのコンサルタントにとっては、大企業という厚くて高い壁を突破するのは並大抵のことではない。

私の場合は、この人脈・紹介ルートの範疇に特別同窓会ルートともいうべきものが別途あった。同窓のある先達より優良企業の紹介を受け、実際にコンサルティングに携わった例が何社もある。この方は生産現場の改善を中心とする指導団体の主宰者であったが、私の著書がご縁の切っ掛けとなり会員企業の人事制度の改善・改革のコンサルティングを引き受けるよう要請があった。こういうケースでは相見積りになることなどもなく、実に有難い特別の受注ルートであった。

(5) 出版・セミナールートを通じての受注

受注ルートの第4には出版・セミナールートがある。コンサルタントとしての受注能力を高めるには、組織所属かフリーランスかの別を問わず著書を世に問うことが望ましい。私のように専門分野を鮮明にしてきたコンサルタントの場合には特に然りである。ある分野に特化することは、他の領域の問題・課題の解決を放棄することを宣言することに等しい。したがって、当該分野では他にはない特徴・個性が求められることになる。その特色をアピールする手段として出版がある。

何かの拍子に著書があるかどうかを尋ねられたとき、忙しくて本など書いている暇がないと答えるコンサルタントがいる。確かに、忙しいと原稿書きなどしている暇はないかもしれない。では、暇なコンサルタントが出版できるのかといえば、それはかなり難しいと言わざるを得ない。暇なコンサルタントは、本を書くための材料の蓄積が思うに任せないため、３００枚を超える原稿用紙を埋めることなど到底出来ないからである。

したがって、出版できるのは多忙であっても本気で原稿を書くための時間を捻出できるコンサルタントだということになる。現に私の場合は35歳から60歳まで特別のことがない限り毎日早朝に原稿書きに励んだことはすでに紹介した。振り返ってみると、もともとは自分の考え方をまとめ、また仕事を確保する一助になればと原稿執筆を始めたものが、いつしか書くこと自体が楽しみになり、これが結果的に受注力の向上にもプラスに働いたといえる。

知り合いのコンサルタントが初めて出版した時、「おかげさまで出版の運びになりました。

これで著書欄が空白でなくなり、精神的に大きく変わりそうです」という書状が届いたことは第Ⅰ章で紹介した。組織に所属するコンサルタントであるか、フリーランスのコンサルタントであるかの別を問わず、プロフェッショナルである限りは専門分野に関する所見をまとめることが望まれる。先ずは原稿を書くという地道な作業に長年粘り強く継続的に取り組まなければ、出版という果実を手にすることはできない。

同一分野での出版を積み重ねていくと研修や講演の依頼を受ける機会が増え、受注活動上のチャンスも自然増えることになる。ただし原稿を書くには、時代小説家の佐伯泰英氏が述べるように「毎ロコツコツやる。決めた時間、決めた量だけやっていく。それ以上はやらない。その代わり毎日やる。正月だろうが、どんな時でもやる」というあくなき執念と根気が欠かせない。しかも、然るべく成果を上げるにはそれを何日、何十日の単位ではなく、何年、何十年の単位で継続することが要件となる。

以上コンサルタントと受注力について述べてきたが、その根幹となるのは先ずはクライアントの満足水準に達する仕事を着実に積み重ねて行くことである。そうした経験を独自の考え方やノウハウに発展させ、最終的にそれらを原稿に取りまとめることである。ちなみに、「千日をもって鍛となし、万日をもって錬となす」という言葉があるが、コンサルティングも錬の段階に達するには、単純計算で30年近くも掛かるものだと肚を括らなければならない。

実はこの鍛錬に関して、松竹新喜劇の藤山寛美氏が「厳しきは　定年のない　芸の道」という味わい深い言葉を遺している。私は人事制度の設計・導入を中心とするコンサルティングに長年携わってきたが、人材マネジメントに関する本質にどれほど迫ることができたかと真正面から問われると忸怩たる思いがするのを禁じ得ない。今後も心身のコンディションの許す限り、この分野に関する思索を続けていきたいと願っている。

Ⅲ

研修業務の厳しさとやりがい

1 コンサルティングと研修業務の特色と違い

(1) 研修は「準備9分に本番1分」

経営コンサルタントの主たる業務はコンサルティングであるが、研修業務も同時並行的に行うのが通例である。特に人事制度の設計・導入を専門分野としているコンサルタントの場合には、人事考課者訓練の実施は避けて通るわけには行かない。実務に即した考課者訓練は、実際に制度設計を担当したコンサルタント以外にできないからである。ビデオを教材として行うような考課者研修は一般論であり、オリエンテーションとしてはそれなりの意味はあるが、考課者訓練と呼ぶことは到底できない。

ここでコンサルティングと研修の違いは何かであるが、前者は企業経営に関する問題・課題の発見・解決の支援であり、後者は受講者が必要とする知識・技能・態度等を習得するための支援であるといえる。コンサルタントの場合は、一般的には前者がメイン業務で後者がサブ業務であるケースが多い。もちろん私自身も両方を担当したが、コンサルタント16年目で経験した「新商品〇〇〇が売れない、どうすればよいか」という2泊3日の研修のことは今も鮮明に脳裏に焼き付いている。この話は後で紹介することにしたい。

またコンサルティングが長期持久戦だとすると、研修は短期決戦であるという色合いの違いがある。何事も成果を上げるには然るべく準備することが欠かせないが、コンサルティングや研修の場合も事情はまったく同じである。特に研修の場合は短期決戦であるだけに、徹底的に準備することが欠かせない。投入が必要なエネルギー量は、コンサルティングが「準備7分に本番3分」だとすると、研修は「準備9分に本番1分」といった感じである。

言葉を変えると、研修の場合は講師が準備にどれ程エネルギーを投入するかで成果が事実上決まってしまうことを意味している。コンサルティングの場合は仕事が長丁場にわたるので、途中で多少問題が生じても挽回が利く余地がある。しかし、研修は時間単位の勝負なので、講師に準備不足のある場合は研修成果云々どころではなくなってしまう。私自身もしっかり準備した積りが不十分であったために、内心冷や汗をかいた経験は2度や3度では済まない。

(2) テキストの作成と味付けの重要性

研修は準備の度合いが決定的な意味合いを持っていると述べたが、以下では準備のなかでも圧倒的なウエイトを占めるテキストの作成について述べることにする。その前に私は日本生産性本部時代から、人から与えられたテキストを用いて研修を行ったことは唯の一度もないことを明かしておかなければならない。この事実は嘘のようで本当の話であるが、このことは当時の日本生産性本部経営指導部には管理職研修用の共通テキストがなかった、ということを意味している。

　そのため管理者研修の講師などの仕事の割り当てを受けると、ねじり鉢巻きでテキストの準備から始める必要があった。私はコンサルタントになって4年目の35歳の時に大手運輸会社の2泊3日の本格的な管理者研修を担当することになった。管理者研修の講師を引き受けるのは初めてであったので、文字通り昼夜兼行で懸命にテキストの作成ほか諸準備に取り組んだ。その上で本番に臨んだが、自分より年長者の多かったこの研修を何とか無事終え役目を果たすことができた。

　この研修を経験したことで、一つの仕事をやり遂げたという達成感を味わうと共にセルフコンフィデンスを深めることもできた、という忘れがたい思い出がある。しかも、この研修のために作成したテキストが後に刊行した管理職に関する著書のベースになっているのであるから、たまたま割り当てを受けたこの研修は、計り知れない程大きな意味があったということである。言葉を変えると、チャンスは逃すためではなく掴むためにあるということなのであろう。

　日下公人氏は「物事は断って後悔するよりも、引き受けて後悔せよ」と述べている。コンサルタントもまだ経験が浅く専門分野が確立していない時期には、要請された仕事にはすべて果敢に立ち向かい、悪戦苦闘しながらも何とかやり遂げるという経験を積み重ねていくことが欠かせない。挑戦せずに自分で勝手に引いた境界線内に安住していては、成長が期待できないどころか退歩を余儀なくされることにすらなり兼ねない。

最もエネルギーを要するテキストの作成であるが、私の場合はすべて図や表を用いて行うことを基本とした。管理者研修も2泊3日のスケジュールともなると、少なくとも40～50頁程度のテキストは用意しなければならない。研修の体系は大項目がいくつかと大項目ごとに中項目がいくつかによって構成されるが、中項目部分はすべて図表化されているということに他ならない。

この図解方式のメリットは何といっても受講者側に分かりやすく、講師サイドは説明がしやすいということに尽きる。このことは、全ページにわたって文章のみで作成されているテキストを用いて研修を進めるケースを対比させると極めて分かりやすい。しかも、図表はすべて講師自身が直接作成しているのであるから、自家薬籠中の物にしていることも大きなストロングポイントだといえる。

この図表・図解の作成技法は日本生産性本部の講座時代に出合い、その後自分なりに工夫を加え今日に至っている。これまでに描いた図表・図解は大小精粗すべて合わせると、間違いなく15000種類には達していると思われる。この技法に習熟してくると、たとえば特定企業の経営上の問題点なり課題を何人かの幹部にインタビューすると、自然にそれらに関する全体像を描くことができるようになる。図解法は、コンサルタントがどうしても習得しなければならない必須の手法の一つであることに間違いない。

なお、しっかりした専門機関では今どき管理職研修用のテキストが整備されていないことなどあり得ない。したがって、コンサルタントやインストラクターは同じテキストを用いて研修を行うことになる。ところが、テキストが同一であっても誰が講師を務めるかによって、研修成果がまるで違う結果になることは決して珍しいことではない。それは講師によってテキストに対する味付けや肉付けが違うからである。実力ある講師ほど状況に応じて自在に付加価値を付けることができるといってよい。

仕事をするには、まずその業務に必須の直接的知識・技能の習得が先決であり、もう一段レベルの高い仕事を目指すには、当該業務に関する間接的知識・技能の習得が必要であり、さらに一頭抜きんでたレベルの高い仕事を目指すには、それに加えて一般的教養を身に付けることが欠かせないことはⅠ章で紹介した。研修業務もまったく同じであり、講師がどれほどテキストに付加価値を付けることができるかは、講師本人の総合的力量に大きく依存している。

2　コンサルタントとして初めて担当した研修講座

(1)　コンサルタントとしての助走開始

1972年（昭和47年）4月より日本生産性本部所属のジュニアコンサルタントとなったが、最初の1年間は経営コンサルタント指導者養成講座実習のサブインストラクター、企業診断のサブコンサルタントといったところが主な仕事であった。いずれもチーフコンサルタントの下、2年目以降に備えてのトレーニング期間という色合いが濃かった。どちらも実績あるコンサルタントの仕事ぶりを目の当たりにすることができる何物にも代え難いOJTの場であった。

また当時の日本生産性本部経営指導部にはコンサルタント専用の部屋・机がなかったので、日程の空いているコンサルタントは自宅待機するスタイルであった。私の場合は、予定に入っていた洋上研修「生産性の船」インストラクターの仕事が、海員組合のストライキ決行によりキャンセルになったため、最初の2カ月はほとんどが自宅待機の状態にあった。しかし、この間に前年度の講座の総復習と再整理をする機会に恵まれたことの意味は、極めて大きなものがあった。

このようにして最初は比較的ゆとりのある2カ月を過ごしたが、3カ月目あたりから実習のインストラクターや長期診断・指導のサブの仕事が入り始め、日程的には結構タイトになっていった。というのは実習のインストラクターと一口にいっても、日本生産性本部の1年コース、3カ月コースの他に当時生産性本部が支援していた農林中央金庫、商工組合中央金庫、三井銀行の企業診断能力育成講座の実習インストラクターの割り当てが結構あったからである。なお銀行講座関係の実習インストラクターは、サブではなくいきなり正規のそれであった。

(2) 全力投球で臨んだ技術者対象のVA研修

こうして忙しい毎日を送り始めてから間もなくVA（Value Analysis―価値分析）研修の講師という仕事の割り当てを受けた。しかも、技術者30人を対象とする丸々1日の研修であった。これがコンサルタントになって初めて担当した研修テーマである。この講座の開催日までに3カ月程度の時間のゆとりはあったが、まったく未知の分野であっただけに目の色を変えて準備しなければならなかった。

ちなみにVA―価値分析では、製品を構成する材料や部品にはそれぞれ求められる機能があり、その機能が合格レベルに達しているのであれば、原価が低いほど材料や部品の価値は高くなるという考え方に立っている。価値の向上を図る具体的方法としては、材料や部品の変更、調達先の切り替え、さらには製造方法の改善等々が状況に応じて講じられることになる。当然のことながら、VAではいわゆる過剰品質などは真っ先にやり玉に挙げられることになる。

研修予定日まで3カ月程の時間のゆとりはあるというものの、日程がタイトになり始めた頃であったこともあり、準備は自宅待機の日はもちろん休日も返上して行わざるを得なかった。しかし、幸いなことに前年のコンサルタント指導者養成講座で短時間の睡眠で2週間を乗り切る実習を何度も体験していたので、この準備のための作業はさほど苦にはならなかった。

ハードトレーニングの是非については様々な議論があるが、真のプロフェッショナルになるには厳しい訓練が欠かせない。シルベスター・スタローン主演の映画「ロッキー」のモデルといわれている元ヘビー級チャンピオンのロッキー・マルシアノは、試合の方がよほど楽だと思えるほど厳しいトレーニングを積んだという。ゴルフのジャック・ニクラウスも、これだけ準備したのだから負ける筈がないと思えるほど練習に励んだと言われている。

もし働き方改革が、寝食を忘れて仕事に没頭するという機会を企業の若手から奪うことになるなら、産業界にとって計り知れない程大きなマイナスになるであろう。無駄な残業や意味のない残業をする必要はさらさらないが、仕事にはここ一番という踏ん張りどころが必ずある。そうした際に、寝食を忘れて仕事に没入することを妨げるような法的な縛りがあるのは問題だと言わざるを得ない。人事制度上うまい知恵を絞ることによって解決を図らなければならない喫緊のテーマの一つである。

さて本題のVA研修の準備であるが、次のような要領で進めた。

○　VΛ関連図書何冊かの読破とポイントの把握
○　VAに関する自分なりの体系（大項目・中項目）の構築
○　大項目・中項目に基づく図解中心のテキスト作成
○　項目ごとの時間の割り付けと講義、演習等進め方の検討
○　テキストに基づくレクチャー用図解資料（模造紙）の準備

何しろコンサルタントになって初めて担当する研修であったし、後々のことを考えると途中で立ち往生するような事態に陥るようなことは何としても避けなければならなかった。そのために、かなり徹底して準備したことは間違いない。その極め付けがコンサルタント指導者養成講座で慣れ親しんだレクチャー用の模造紙を30枚ばかり用意したことである。先に研修業務は「準備9分に本番1分」と述べたが、全力を挙げて準備したせいか、何とか無事に所期の役割を果たすことができた。

なお、このVAの研修に関しては新人のコンサルタントが講義を行ったのは確かであるが、実は万一に備えてベテランのコンサルタントが後見役として参加していた、という事実も明らかにしておかなければならない。日本生産性本部経営指導部としては、何かあった時に備え不測事態対応計画を講じていたことに他ならない。極めて適切な対処法であると言ってよい。

(3) コンサルタント業務遂行に不可欠な図解法

図解についてはすでに何度か話をしたが、コンサルティングや研修業務に取り組む際にこの手法をうまく活用することは、コンサルタントにとって必要不可欠だといってよい。図解を用いて説明すると、説得力が一段と増すからである。そうはいっても、兎にも角にも図解さえすればよいということでは決してない。当然のことながら、図解の内容に一本筋が通っており説得力のあることが欠くことのできない要件である。

問題はどうすれば説得力のある図解ができるようになるかであるが、これは習熟する以外にうまい方法はない。繰り返し何度も何度も取り組むことによって腕前を磨く以外に近道はない。**技能・スキルは、そのことに何百回、何千回と倦むことなく取り組むことによって初めて自家薬籠中の物にすることができる。図解も何百枚、何千枚と描き続けることによって心底頼りになる相棒になる。**

図解にはフローチャート図解、KJ法図解、マトリックス図解、特性要因図解などいくつかのパターンがある。私自身は何十年も図解し続けてきたが、結果的に主として上下・左右対称形のフローチャート図解と必要な情報を一表に整理するマトリックス図解を用いることが多い。図解に正解はないが、描き手の技量・力量によって歴然たる品質の差が生じることもまた半面の事実である。

図解をする際、なぜ私がシンメトリックな絵を描くことにこだわるようになったかについては実は理由がある。一つは30代半ばの頃、数学分野のノーベル賞といわれているフィールズ賞の受賞者である広中平祐教授の「美しい理論ほど役に立つ」という考え方に接し、超弩級の影響を受けたことがある。ならば、図もできるだけビューティフルに描こうと深く決意し、それ以降何十年間トライし続けてきた。

美しい図解の一つのパターンがシンメトリックな図ということであるが、何かのテーマについて実際に図解をしてみると、上下・左右対称形の絵を描くのは実はそれほど簡単なことではない。バランスのよい図にするために、無理やり材料をひねり出さなければならないことも頻繁に生じる。ここでいう材料とは、図解しようとしているテーマにもよるが問題点であったり、取り組みが必要な課題であったり、時としてはアイデアであったりする。

シンメトリックな図にするために無理やりひねり出した問題点や課題、さらにはアイデア等に結果として優れたものや本質を突くものが多い、という経験を私は数えきれないほどしてきている。これがビューティフルな図を描くことに拘るもう一つの理由である。ブレーンストーミングの創始者であるオズボーンも、何ラウンドかブレーンストームを重ねた末に無理やりひねり出したアイデアに革新的なものが含まれていると言っているが、まさにその指摘に相通じるものがある。

3 深く脳裏に刻まれた思い出の研修講座

(1) 新商品の販売促進策策定研修

私は歳月の経過と共に人事領域の仕事に特化していったので、担当する研修も次第に人材マネジメント関連のテーマが多くなっていった。そうした中で異彩を放っているのが、日本生産性本部を離れた翌々年の1986年(昭和61年)に、ある生命保険会社で担当した新商品の販売促進策策定研修である。新商品を発売したが売れ行きが芳しくない、何が問題か、どうすればよいかについて作戦を練るための営業部門管理職30名を対象とする研修である。

具体的には合宿方式で2泊3日のスケジュールで行ったが、当然のことながらグループ討議を中核に据えて進めた。この研修で印象に残っているのは、事前の準備が至極大変だったことが一つである。また、通常の管理者研修と異なり実務上の問題を俎上に載せたため、予め描いていたシナリオ通りに一直線に進めることが難しく、軌道修正をするのに多大のエネルギーを要したことも強く印象に残っている。

今にしてよくこのような難易度の高い研修を引き受けたものだと思うが、それまでに中堅企業2社の営業部門の診断を経験していたこともあり、この研修講師の要請があったとき何とかなりそうだ、できそうだと判断したのであろう。この研修はまさに神経を張り詰めた3日間であったが何とか無事終了し、こういうタイプの研修を引き受けることも可能だとの確信を深めることができた。

実は、この研修には営業部門の責任者である常務取締役がオブザーバーとして全日程にわたり参加していた。研修の1日目が終了した時点では、新商品にはこういう問題点があり売れないのが当たり前だ、という指摘のオンパレードであった。研修生である営業部門管理職の討議の過程やその結果を見ていた担当常務が、初日の夜辺りから次第に苛立ちを募らせ始めた。販促策策定とは程遠い内容であったから無理もない話である。

講師である私は担当常務に、「膿を出し切ってしまえば患部が治るように、新商品やその販売に関する問題点や関連する不平・不満を吐き出し切れば、討議は自然に建設的な方向に必ず向かう」となだめた。案の定、2日目朝の発表を終えた頃から風向きが変わり始め、文句を言うだけでは問題は解決しない、今後講じるべき具体的方策を検討しようという空気に次第に変わって行った。

ここで大事なことはこの研修を外部講師任せにし、営業担当常務が全日程にわたりオブザーバーとして参加していなかったら、研修生である管理職のモチベーションは上がらず研修成果に少なからずマイナスの影響を与えただろう、ということである。ある大企業ではカリスマ社長が新任管理職研修の際には必ず顔を見せ、研修生一人ひとりと意見交換する時間を冒頭に1

時間半程度設けていた。人材育成の重要性を説きながら経営幹部が研修会の挨拶にも現れない企業とは大違いである。

なお、この販促策策定研修で2泊3日を共にした営業担当常務とは、研修から30数年後に再会する機会があった。勿論もうこの企業の役員ではないが、件の新商品のその後の様子を尋ねたところ、今も主力商品の一角に踏み留まっているとのことであった。思うにその後少子化が進み急速に高齢化社会を迎えたことが、この商品にとってはプラスに作用したと考えられる。商品も時代の波にうまく乗れないと厳しいものがある。

(2) 中国ハルビンでの経営管理講座

日本生産性本部に所属していた1981年（昭和56年）にJICA経由で派遣された、中国黒竜江省ハルビンでの経営管理講座も深く記憶に残る研修講座の一つである。今でこそ中国は、GDP世界2位の経済大国であるが、当時はまだまだ経済的発展が緒につき始めたとは到底いえない段階にあった。現実に、宿泊した現地屈指のホテルのバスルームの湯さえ十分に出ないような有り様であった。

そうした状況下にあったので、講師陣の持っていく日本のスーパーマーケットのカラフルな販促用チラシなどは大変人気があった。日本では一般大衆が買い求めることができる商品がこんなにも豊富にある、ということが分かるだけでも大変な情報であり刺激にもなったようである。また当時日本では電卓はパーソナルユースの時代に入っていたが、講座受講生の中で電卓を持っている参加者は皆無であった。

肝心の経営管理講座であるが、黒竜江省にある生産組織体の工場長クラスの幹部約１２０名が参加していた。この１２０名を2クラスに分け一方のクラスは前期に主として生産管理、後期に人事管理の研修、片方のクラスでは前期に人事管理、後期に生産管理の研修を4人の講師で行った。前期、後期の日程はそれぞれ2週間ずつであったので、都合1か月の研修期間であった。マーケティング等は当時の中国の実情にはまだ合わず、カリキュラムには組み込まれていなかった。

この講座で私は人事管理を中心として組織や生産性の問題についても担当したが、2週間にわたってレクチャーを中心とする研修を行うにはかなり準備が必要であった。テキストも講義も日本語であるので、通訳の果たす役割は極めて大きなものがあった。そうした事情もあり用語の定義や概念は特に懇切丁寧に説明・解説することにした。そうしないと話がチンプンカンプンになる恐れがあったからである。

また甚だ意外であったのが、通訳が入る関係でレクチャーの所要時間が普段の倍近く掛かるだろうと予測していたが、結果は意外にも通訳なしの場合とほとんど変わりがなかった。その訳は、日本で盛んに行っていた無駄話や世間話は中国では通用しないものが殆どで、割愛せざるを得なかった事情による。すでにこの頃から本論と本論の間に無駄話を挟む、という私の研修スタイルが確立し始めていたようである。

このほか日本で行う研修との決定的な違いは、受講生に問題提起をしても皆周りをうかがうばかりで積極的に発言しないことであった。考えてみると、文化大革命が終わってからまだ5～6年しか経っていない頃であったので無理もない話である。講師である私も講座生に「毛沢東は、もうたくさんでしょう」と冗談を言いたかったが、日本に帰れなくなると大変なので、そのようなことはおくびにも出さなかった。

受講生は実に熱心にノートを取るのであるが、ある時何人かに中身を見せてもらった。その時思ったのは、達筆と悪筆の差があるのは万国共通だということが一つである。実にビューティフルなノートもある一方で、日本でいう金釘流を地で行くような例もあった。もう一つは、日本には平仮名があるので大助かりである、先人の知恵は大したものだと心底感じ入った。

万国共通ということで思い出すのは酒の話である。講座期間中に結構宴席に招かれたり招いたりという機会があったが、そうした場での乱れが度を越すと講師に対する評価が一変したようである。酒には「人が酒飲む、酒が酒飲む、酒が人飲む」の3段階があるが、最後の段階まで行ってしまうと洋の東西を問わずまずいようである。まさに酒は「百薬の長」とも、「百毒の長」ともいう通りである。

1か月にわたる講座が終了すると終講式を迎えるが、私は折角の機会であるのでお別れの挨拶を中国語で行うことにした。日本語の挨拶を中国語に翻訳して貰ったものを丸暗記するのであるが、高低アクセントと四声が難しく悪戦苦闘した。本番ではカンペを見ながらの挨拶であったが、広東訛りが強かったらしく会場は大爆笑に包まれた。こうしてこの講座も無事終了することができた。

(3) 官庁での民間企業の人事管理紹介講座

ある官庁から、日本の組織や人事管理について学習するため来日している海外諸国の行政官に、わが国企業の人事管理の実態についてレクチャーしてほしい旨の要請があったのは2004年（平成16年）のことであった。担当官の話では、私の著書を読んだ上で連絡したとのことであった。会社組織にしていたとはいえ基本的にはフリーランスのコンサルタントに、官庁からこのような依頼が来るのは実に意外でもあり有り難くもあった。

当然のことながら、要請をお断りする理由は何もなく二つ返事でお引き受けした。レクチャーは3時間で、テキストは予め準備したものが必要な言語に翻訳されていた。人事管理の中心に位置しているのは人事制度であるので、職能資格制度、人事考課制度、賃金制度、教育訓練制度、異動配置制度を柱に据え講義を行った。通訳付きであることは言うまでもない。

例によってテキストは、定義とか用語解説を除きすべて図表化されているので説明しやすいし、聴講している行政官もどの頁の何を話しているのかといったような疑問はなかった筈である。「次は何頁の図表ナンバー何番、一番上の箱から説明しますよ。何か分かり難いところはありませんか、どんどん質問してください」という要領で進めた。こういう進め方をすれば、外国人講師であっても所期の役割を果たすことができると確信を深めた。

説明した中で受講者の関心が高かったのは教育訓練制度に関する企業事例であった。レクチャーではある外食産業に属する上場企業の教育訓練体系を紹介したが、正社員数が500人規模の会社でここまでやっているのかという驚きの反応があった。教育訓練体系を設計する場合、縦軸の職能資格等級と横軸のＯＪＴ、ＯＦＦ　ＪＴ、自己啓発支援を組み合わせた枠組みをまず描くのが第1段階である。

その上で実施する教育訓練の内容を具体的に整理していくわけであるが、横軸のＯＦＦ　ＪＴは社内実施研修と社外派遣研修、社内実施研修はさらに人事部主宰研修と各部門主催研修などに分かれていくため、教育訓練体系はかなりきめ細かいものとなる。さらに教育訓練体系に位置付けられている個別研修ごとにそのねらいと主な内容が整理されているわけであるから、受講生にはインパクトがあったらしい。

なお、外食産業では正社員の何倍ものパートタイマーを抱えているのが常識であるが、それだけにパートタイマーの教育訓練も極めて重い意味を持つテーマの一つである。なぜなら、経営理念で顧客本位、お客様第一の考え方をいくら謳っていても、日々第一線でお客様と接するパートタイマーがこうした考え方をしっかり体現していなければ、折角の経営理念が単なる絵に描いた餅になってしまうからである。

この研修には4年間お邪魔したが、参加者は東南アジア、中東、東ヨーロッパなどの諸国に跨っていた。しかし、人事制度は職務遂行能力をキーファクターに組み立てるのが望ましいという私の主張がどの程度響いたか、説得力があったかについては残念ながらいま一つ確信が持てなかった。4年目のレクチャーで日本の人事制度は官庁より民間の方が優れているのでは、という意見を述べたせいか5年目からピタッとお呼びが掛からなくなってしまった。「口は禍の元」と言うべきか。

4 長期間にわたり担当した研修講座

(1) 金融機関総合研究所のビジネススクール講師

人事制度設計のコンサルティングの場合は、毎月4日程度の日程で1年とか1年半にわたりお邪魔するケースが多い。引き続きフォローアップをすることになっても半年とか1年である例が大半である。したがって、両三年で一区切りとなるケースが多い。その後何年かが経過し再リニューアルや再々リニューアルでお邪魔することもあったが、4年も5年も連続して人事制度設計絡みの仕事が継続するケースは極まれである。

これに対し研修業務は性格が異なる。月に何日かではなく、年に何日か実施・開催するスタイルが基本となる。もちろん単発の研修講座も数多くあるが、新任管理職研修、人事・賃金セミナー、さらにビジネススクールなどは毎年一定の時期に定期的に開催されるのが通例である。冒頭で紹介した日本生産性本部の経営コンサルタント指導者養成講座などは、毎年4月に開講し翌年2月に終講する全日制のコースであった。

コンサルタントにとって研修業務は主要な仕事の柱の一つであるだけでなく、私は話すことにも関心があったので前向きに取り組んできた。種々の研修講座を担当してきたが、その中で最も長く務めることになったのは、ある金融機関の総合研究所が主宰するビジネススクール・人事戦略コースの講師である。開講時より18年間務めたが、講師陣若返りの一環で66歳を最後に後進にバトンタッチした。

この講座は融資先の若手経営者に企業経営全般にわたる思想・理論、知識・技能、情報等を系統的に提供すると共に、約1年間にわたる受講生同士の相互啓発を通じて経営者としての識見と力量を高めることに主たるねらいがある。最初は年1年回開催のビジネススクールであったが、その後本体の合併に次ぐ合併によって年2回の開催となり呼称もマネジメントスクールに変更されている。

幸いにも当該金融機関の総合研究所とは長いお付き合いになった関係で、本職の人事制度設計・導入のコンサルティングについてもコラボレーションを求められる機会が増えた。そのため、単独では受注が難しいテレビ準キー局の人事制度設計といったプロジェクトも経験することができた。その過程で長く仕事をしてきたよきパートナーであった研究所のコンサルタントが、テレビ局の賃金水準の高さに目を丸くして驚いていたことが強く印象に残っている。

先に人事制度のリニューアル、再リニューアル、再々リニューアルで3度お邪魔した企業が3社あることを紹介したが、その内の1社はこの研究所のよき相棒コンサルタントと共に携わった。同一企業に長期間にわたってお邪魔する機会があると、仕事を共にしたプロジェクトチームのメンバーが次々と累進し、然るべきポストに就いていく姿を目の当たりにすることができるが、実に喜ばしい限りで心から祝福を送りたくなる。

実のところこの総合研究所のお陰で、日本生産性本部コンサルタント養成講座ならぬコンサルタント指導者養成講座出身者に相応しい仕事を初めて行うことができた。それは同研究所所属のコンサルタントを対象に経営コンサルタントに期待されるもの、人事制度設計の進め方、各種図解の描き方とコツ、執筆活動の行い方、受注活動の仕方、自己管理の重要性と具体的方法等についてレクチャーする機会が巡ってきたことによる。

この研修は東京、大阪の両会場で一定期間内にそれぞれ5日間ずつの日程で実施されたが、初めて経営コンサルタントを指導する人材を養成するという日本生産性本部講座のねらいに相応しい仕事がやっとできたか、という意味で極めて感慨深いものがあった。時にコンサルタント経験34年目、65歳の齢を迎えていた。振り返ってみると、この頃がコンサルタントとしての心・技・体が最も充実していた時期だったかも知れない。

(2) 総合商社の経営管理講座講師

次いで長く担当した研修講座には、ある大手総合商社の経営管理講座がある。この講座には日本生産性本部コンサルタント時代に7年、フリーランスになってから8年、合わせて15年間お邪魔した。私の受け持ちはもちろん人事戦略コースであったが、年2回開催されるケースが多く、参加者30数名は本体管理職や関連会社の役員が中心であった。

そもそもこの講座を担当することになったのは、先任コンサルタントの学会への転身によりお鉢が回ってきたことによる。大役であったので緊張もしたが、徹底的に準備をすることによって何とか初回を無事に乗り切ることができた。2回目以降は講座テキストの内容刷新や進め方にも工夫を凝らし極力マンネリ化の弊に陥らないよう、またレクチャーそのものは遊びも入れながらテンション&リリースのリズムを保ちながら進めるよう心掛けた。

振り返ってみるとこの頃、つまり30代の後半になった時期にコンサルタントに転身して以来の一身を賭した仕事の体験を通じて、自分の成長を図るには物事にチャレンジすること、その過程で発生する難局や諸問題を何としても克服すること、そして最後までやり遂げ達成感を味わうと共にセルフコンフィデンスを深めることが欠かせない、との確信を持つに至ったようである。そうした意味でも、この講座を担当するお鉢が回ってきたことの意味は大きなものがあった。

振り返ってみると、やはりこの時期に本論と本論の間に無駄話や世間話を挟む私の研修スタイルが確立していったように思う。たとえば比叡山で行われる天台宗の千日回峰行、私自身が体験した難病奇病の一つであるギランバレー症候群、さらに学生時代の剣道の猛稽古、後で述べる鶏と卵等々の話は、大袈裟な表現になるが受講者の頭と首が暫し静止するといった感すら受ける程熱心に耳を傾けてもらえた。

もちろん世間話や無駄話は、何らかのヒントや参考になる内容であることが望ましく、その点については精いっぱい準備と工夫はしたつもりである。研修参加者に意見を求めると、本論に次ぐ本論では疲れが溜まるのでテンション&リリースのリズムで進めて貰えると有り難いという声が現実に多い。そのためジャンルを問わずこれという話材を見つけたときは、面倒臭がらずメモを取る習慣が身についた。

なお、約50年も企業診断・指導の業務に携わってきたにも拘わらず、実際にコンサルティングでお邪魔した企業の数が55社程度であることはすでに紹介した。研修業務のほうも記録に基づいて確認してみると、これまた企業を中心に60組織程度と意外に少ないことが確認できた。その理由は、研修業務のほうも長期にわたって担当したケースが存外多かったことによると思われる。

(3) 金融機関経済研究所の人事・賃金セミナー講師

ある地方都市所在の金融機関経済研究所とのご縁が始まったのは、同研究所が受注した人事制度改革案件のチーフを引き受けるよう要請があったことが契機であった。この経済研究所では地元企業の人事制度改革等の支援を行っていたが、上場企業クラスや難易度の高いプロジェクトのコンサルティングは、経験不足のため確信をもって引き受けることができかねる状態にあった。つまり、主要な融資先のコンサルティングにはより万全を期す必要がある状況下にあった。

たとえこのような緊急を要する状況下にあっても、同経済研究所より縁もゆかりもないフリーランスのコンサルタントに唐突に支援の依頼などあるわけがない。ところが現実にプロジェクトのチーフを引き受けるよう要請があったのである。その訳はこうである。この案件への対処法について担当部署から相談を受けた経済研究所のナンバー2の脳裏に、昔のよしみで私の顔が浮かんだことが発端となった。実はこのナンバー2とは昔、中国ハルビンの経営管理講座で1カ月間にわたり共に講師を務めた旧知の間柄だったという事情があった。

このナンバー2からチーフを受諾するよう要請があったが、電話でお互いに久闊を叙する挨拶の終わった後の第一声が「断らないでね」であったことが今も耳朶に残っている。当該案件先にお邪魔してみて得心がいったが、確かに前例のないかなり難しいプロジェクトであった。この経済研究所とはその後人事制度改革の支援を中心に10年にわたるお付き合いとなった。

こうしてご縁が始まってから一両年後に、この経済研究所主催の定期的な人事・賃金セミナーが開催されるようになり、その講師も担当するようになった。このセミナーは年間に2回開催されることが多かったが、集客の関係であろうか2年連続で開催し、1年は休止するというスタイルであった。このセミナーは通算で7~8年開催されたが、参加者には繰り返し出席する人もいた。そのため、何人かの顔見知りができるというオープンセミナーでは珍しい経験をすることもできた。

このセミナーで具体的に取り上げたテーマはトータル人事制度、職能資格制度、人事考課制度および賃金制度の設計・導入の進め方、賃上げ原資の求め方と定期昇給とベースアップの行い方、適正人件費および適正要員の求め方等々であった。その当時これらのテーマに関する基本テキストは当然作成済みであったが、内容を中堅規模クラスから中小規模クラスの企業にフィットするようにアレンジしてセミナーに臨んだ。

その傍ら、研究所の役員陣に地元企業の人事・賃金制度改革を推進・支援するための経済研究所版マニュアル作成のためのプロジェクトチームの編成を強く働きかけた。しかし、この提案が受け入れられることは遂になかった。年間の人事・賃金コンサルティングの依頼件数、依頼の具体的内容、コンサルティング担当部署の陣容、外部提携方式とのメリット・デメリット比較、所要経費等々を総合的に勘案したうえでの結論であったと思われる。

営業は人脈作りからというが、長い間この経済研究所と良好なリレーションを保ちながら協働作業を続けることができたポイントは、やはり人脈にあったといえる。種明かしをすると、何を隠そう中国ハルビンでの経営管理講座で共に講師を務めたナンバー2は、日本生産性本部経営コンサルタント指導者養成講座のOBであった。かてて加えて経済研究所ナンバー3の事務局長も同講座のOBであるという確たる人脈がベースになっていた。

5 コンサルタントとして取り組んだ能力開発

(1) 能力開発の具体的手法

コンサルタントが能力開発を図る3大手法はやはりＯＪＴ、自己啓発、それにＯＦＦ ＪＴである。これらの中で圧倒的なウエイトを占めるのはＯＪＴであることは説明するまでもない。企業等でのＯＪＴは業務を通じて主として上司が部下を指導することを指すが、コンサルタントの場合はジュニア時代に先輩から教わることはあっても、その後は取り組む仕事を通じて自分自身で自分を鍛えるというニュアンスが極めて強い。

ＯＪＴが成果を上げるうえで最も大切なことは、本人の能力プラスアルファの仕事がきちんと与えられていることである。これは企業業務、コンサルティング業務の別を問わない。本人が楽々こなせるような仕事しか担当していない場合は、そもそもＯＪＴにならない。コンサルタントの場合にはジュニア時代が終わると独り立ちになるので、それ以降は仕事を通じて自分で自分自身を鍛える以外に成長を図る方途はない。

そのためコンサルタントには、ことのほかＯＪＴを補完する自己啓発への取り組みが要求される。自己啓発にも仕事の準備段階での自己啓発、仕事の過程での自己啓発、仕事を終えてからの自己啓発があるが、いずれも重要な意味合いを持っている。もちろんリベラルアーツ系の教養を広く身に付けるための自己啓発も大事であるが、経験の浅い頃はまずは実務系の学習にエネルギーを集中的に投入せざるを得ない。

古い書物を紐解くと事上錬磨、書上錬磨、人上錬磨、天上錬磨といった表現が用いられているが、能力プラスアルファの仕事にチャレンジすれば、自然にこれら4つの錬磨の機会に恵まれることになる。やはり成長を志す人は、日下公人氏の指摘するように「仕事は断って後悔するより、引き受けて後悔せよ」に徹することが大切である。特にジュニア時代のコンサルタントには、そうした姿勢が欠かせない。

コンサルタントの場合にもOJT、自己啓発の他にOFF JTを活用するという能力開発の方法もある。いわゆる研修や講座に参加して能力開発する方法である。コンサルタントも経験を積むにしたがって能力開発の内容が仕事に必要な直接的知識・技能から次第に間接的知識・技能、さらには一般的知識・教養の習得というように内容が変化して行くことが望ましいからである。しかし、やはりOJTや自己啓発が主柱であることに変わりはない。

(2) 800枚の原稿執筆への体当たりと七転八倒

コンサルタントにとってのOJTは、仕事を通じて自分で自分自身を鍛えることを意味するが、まさにオン・ザ・ジョブ・トレーニング、事上錬磨といえる。私の場合は、研修業務では経営コンサルタント指導者養成講座を終了して半年後に講師を務めた技術者対象のVA研修、コンサルティング業務では3年目に入った時期に単独で担当した賃金制度設計のプロジェクトの2つは生涯忘れることできないOJTとなっている。

これらの内容についてはすでに触れたので、ここでは繰り返さない。しかし、この2つの案件で何とかかんとか役割を果たせたこと、ゴールまでたどり着けたことの意味は計り知れない程大きなものがあった。もし途中で挫折していたらと思うと背筋が寒くなる。達成感を味わうと同時に、セルフコンフィデンスを深めることなど到底叶わないからである。そうした意味でも、仕事でここ一番という勝負所では何としても踏ん張り抜くことの意味は途轍もなく大きい。

元旦早々から竹刀の素振り1000回に取り組むなど学生時代に励んだ剣道の猛練習と、大病後の体力回復途上で体験した経営コンサルタント指導者養成講座の5回にわたる夜を徹しての実習は、その後の私にとって何物にも代え難い思い出であるだけでなく、気持ちの上での支えにもなっている。今は働き方改革に関する議論が盛んであるが、寝食を忘れて仕事に取り組んだ経験がないということは、折角自分が持って生まれた潜在可能性を眠らせたままに終わらせることになり兼ねず、実にもったいない話である。

少なくとも専門職を目指す人は、落合陽一氏の指摘するようにライフワークバランスという視点からではなく、ライフアズワークという感覚で仕事をとらえることが欠かせない。いずれにしても企業等の各種組織体は真の意味で生産性向上に資する働き方改革を推進する一方で、諸々制約条件のある中で真のプロフェッショナルを育て、活かすことのできる人事施策に関する知恵を絞ることが喫緊の課題となっている。

コンサルタントになってからはＯＪＴで鍛えられたことは間違いないが、その前に会社員時代に経験した終生忘れることのできないユニークなＯＪＴの体験を、ここで敢えて取り上げることにしたい。新入社員研修が終了してからある支店に配属となり、約1カ月にわたってベテラン営業担当者に同行し営業活動のイロハを学んだ。その後、正規に得意先の割り当てを受け営業活動を始めることになった。その際、時の支店長からある業務命令が下った。

その具体的内容は、ある得意先に向こう3カ月間毎日訪問せよというものであった。当該得意先は長い付き合いのある1社納入の安定顧客であった。私はごく気楽に支店長命令に従って訪問活動を始めたが、3日、5日、10日と日にちが経つにしたがって次第に苦しくなってきた。仕事の話は月に2回も発注・納入の打ち合わせをすれば、それで事足りたからである。

その苦しさの中で、まず覚えざるを得なかったのが世間話をすることであった。世間話については、営業関係者なら承知している「木戸に立てかけし衣食住」というフレーズがある。頭から順に季節、道楽、ニュース、旅、天気、家族、健康、仕事、衣料、食、住居のことだと言われているが、これらについて話題にする分には無難だという意である。意見の衝突を招きやすい政治や宗教のことが入っていないところがミソである。

ただ世間話とか四方山話は相手のあることであるから、自分のペースで事を運べるとは限らない。話の流れに乗りながらも、次々と話題や話材の展開を図ることが求められる。私の場合は購買担当者と相性がよかったことが大助かりであった。実は、この方とはコンサルタントに転身してから15年も経った頃に東京・日本橋で再会する機会があり、諸々四方山話をしたことが懐かしい思い出になっている。

世間話の次に覚えた、というより覚えざるを得なかったのは情報を持っていくということであった。何しろ毎日訪問するのであるから、最低限迷惑がられるようなことがあってはならないと考えた。そのため、顧客サイドの業界を中心とする諸情報を持っていくことに努めた。その際、口頭ベースではなく極力資料化して提供することに努めた。

3つ目に覚えたことは、購買部門だけでなく製造部門にも顔を出すことであった。営業担当者として、納入した資材が実際に使用される製造現場を理解しておくこと、現場の管理・監督者、担当者と顔見知りになっておくことは意味があるからである。また購買担当も業務繁忙の折など世間話に時間を取られるより助かるので、製造現場に顔を出すことについては別段の問題はない様子であった。

自己啓発することも研修に参加することも無論大切ではあるが、何と言ってもその前にチャレンジに値する仕事やテーマが与えられていなければ話にならない。本人の能力プラスアルファの仕事をきちんと付与すること、割り付けることが人を育てるための基本的大前提である。**そうした意味で新入社員時代に、3カ月間毎日特定の企業を訪問せよというOJTを受ける機会に恵まれたことの意味は大きかった。**

ただこの話には裏があって、後で聞いたところによると件の支店長が購買担当者に「今回配属になった新入社員を向こう3カ月間、毎日訪問させますのでよろしく」という挨拶と根回しを事前にしてくれていたとのことであった。仮にそれを承知していたとしても私の苦しさは一向に変わらなかったと思うが、いやはや何とも粋なOJTではある。私の四方山話好きは、どうやらこのOJTと無関係ではなさそうである。

次にコンサルタントになってから物を書く面で最も鍛えられたOJTは、80枚だと思って引き受けた原稿が実は800枚だったという一件がある。1995年（平成7年）当時、私の不注意で生じた嘘のような本当の話である。ある出版社から中堅・中小企業役員の評価と給与決定について原稿執筆の依頼があり、80枚なら何とかなりそうだと思って気軽に引き受けた。ところが、実際には800枚だったことが後日判明した。

実務書1冊を出すには400字詰め原稿用紙で300何十枚かの執筆が必要であるが、何をどう勘違いしたか800枚を80枚だと思って依頼を引き受けてしまった。しかも、当時はまだこのテーマについて本格的なコンサルティングを行った経験がないというおまけ付きであった。そのため引き受けてからの約1年半、文字通り地獄の苦しみを味わうことになった。書く仕事で陥った最大のピンチであった。

当時は50代半ばで体力・気力の両面共まだまだ旺盛であったことがせめてもの救いであった。また出版の実績をかなり積み重ねていたことも心の支えにはなった。しかし、大変なことを引き受けてしまった、最後までたどり着けるだろうかという思いにさいなまれたことも一再ではなかった。しかし、その頃すでにかなり身に付いていたチャレンジ精神と意欲完遂力を武器に800枚の原稿執筆に脂汗を流しながら体当たりした。

具体的には知り合いの公開企業と非公開企業10数社に協力を依頼し、役員の評価と給与決定の現状、問題点、さらには今後の課題等についての実態把握から始めた。この頃の役員人事はまだブラックボックスの時代であったので、なるほどと得心させられるような筋の通った仕組みを持っている企業は、少数派というよりも皆無に近いと言えるような状態であった。

また、この頃には関係者にインタビューさえすれば、当該テーマについての全体像を図解できるスキルが身に付いていた。そのため、10数社も実態調査をすると役員の評価と給与決定、その周辺の事項に関する現状と問題点、今後のあり方等について体系的にイメージを描くことができた。当該テーマに関する全体像の把握ができると、目次の作成が可能となり執筆の第1関門をクリアーできる。後は時としては天を仰ぎながら、しこしこ書き進めるのみである。

役員の評価と給与決定に関するこの調査で今も強く印象に残っているのは、CEOである社長の価値が企業によってかなり異なることであった。平取締役の価値を仮に1・0とした時、社長の価値は一体いくらであるかを10数社で質したところ平均値は4・0であった。ちなみに最大値は中堅企業ワンマンCEOの10・0、最小値は大企業サラリーマンCEOの2・0であった。なぜこのような質問をするのかと言えば、役員間の給与格差を検討する際の基礎情報の一つにすることにねらいがある。

この執筆過程で役員に期待される能力像はともかく、人物像をまとめることができことは大きな収穫であった。社員の場合は職能考課と業績考課は行うけれど、人物評価を真正面から実施する例は極めて珍しい。しかし、少なくとも役員に登用するに際しては、人物評価も併せて行うべしと私は考えている。何十人、何百人、場合によっては何千人をも束ねる役割を果たす人物の人間性如何は、ゆるがせにできない問題だからである。

大袈裟な表現になるが、血反吐を吐くような思いもしながら何とか800枚を書き上げたときの達成感は、筆舌に尽くしがたいものがあった。現にこの後は300枚程度の原稿執筆であれば、ごく気楽な気持ちで引き受けることができるようになった。書くことに対する限界が間違いなく拡がったことを実感できた。徹夜の経験のない人が1度徹夜の経験をすると、2度目からは気持ちの負担が半分になるのと同じである。

作家の藤本義一氏は作家志望の若者に、何しろ予定枚数を必ず書き切ることの重要性を強調して止まなかったという。そのため、書けない時はたとえ「いろはにほへと」であってもよいから所定枚数の原稿のマス目を必ず埋めよ、と強く指導したという。作家志望であればまさか「いろはにほへと」と書くわけには行かないから、踏ん張らざるを得なくなる。このように、何かを成し遂げるには途中で苦しくなっても決して投げ出さず、最後までやり遂げる行動様式なり習慣を身に付けることが殊のほか重い意味を持っている。

(3) 自己啓発とOFF JT

OJT、自己啓発、OFF JTの何れによってコンサルタントとしての能力が開発されるかというと、圧倒的にOJTであることは何度も繰り返してきた。OJTのウエイトは、ほぼ100パーセントに近いと言ってもよい程重い。したがって、能力向上を図るには組織から与えられた仕事や自分で確保した仕事に全力でチャレンジすることが最善の方法である。事上錬磨を繰り返す以外に専門職としての能力向上を図る決め手は他にないからである。

敢えて自己啓発に当たるものを挙げるとすると読書ということになる。経験が浅い頃は取り組んでいるプロジェクトに直接必要な領域の読書が中心になるが、次第にその周辺のテーマ、一般ビジネス書、小説、その他に広がって行くことになる。コンサルタントになってからの私の読書量は、年間70冊前後のペースであった。昔読んだ本では広中平祐『学問の発見』(佼成出版社)、近年読んだものでは村上春樹『職業としての小説家』(新潮社)、恩田陸『蜜蜂と遠雷』(幻冬舎)が強く印象に残っている。

なお、自己啓発は能力開発と自己形成の2本柱からなっているが、私の自己啓発は残念ながら自己形成の面まではとても手が回らなかった。晩年ある組織にお邪魔した際、綱領に「……、人格の向上と完成を図ります」と謳ってあるのを見て、**今までの自分の自己啓発は能力開発に偏りすぎ自己形成の面がおざなりであったこと、端的に言うとなおざりになっていたことに遅まきながら気付き深く反省させられた。心理学でいう仕事や生活に関する「become の目標」に関心が偏りすぎ、人としての生き方・あり方に関する「being の目標」が疎かになっていたということに他ならない。**

コンサルタントの能力開発の方法にOFF　JTがあることは確かである。しかし、本格的なコンサルティング活動が始まると、何日にもわたる研修や講座に参加することは事実上難しくなる。私自身が参加した研修はパソコンの初級講座ぐらいかと思う。原稿書きをするのにも手書きでは何かと按配が悪くなったためである。通ったパソコン教室では3カ月にわたり、徹底的に入力に絞ってトレーニングに励んだ。

なぜ入力に絞ったかの理由は単純明快である。それまでに散発的に参加したパソコン入門講座はすべて落ちこぼれてしまったが、その原因は入力が間に合わないことにあった。そのために入力の練習に集中することにした。もう還暦を迎えていたが、3カ月後には画面を見ながら入力することができるようになり大助かりであった。「六十の手習い」とはこのことかと感慨深いものがあった。

冒頭で述べたように私は、日本生産本部の経営コンサルタント指導者養成講座を受講する幸運に恵まれた。私の場合のOFF JTは、この全日制1年コースを受講できたことがすべてといってもよい。コンサルタントとしての基礎固めをする上で、この1年間の経験は値千金の価値ある体験であった。特に講座の多くの同期生と今もコンスタントに続いている交友関係は、何物にも代えがたい宝物だと思っている。

Ⅳ

長く、そして深く心に残る人材の思い出

1 個性と魅力にあふれるCEOの言行録

(1) H社CEOの鋭い観察力と洞察力

コンサルタントになってから10何年かが経過し、年齢も40代半ばになった頃お邪魔した企業に中堅食肉加工品製造業H社がある。この企業では社員の人事制度だけでなく、併せてパートタイマーの人事制度を構築する機会にも恵まれた。1985年（昭和60年）頃のことであるから、パートタイマーの人事考課制度や賃金制度を導入していた企業はよほど少数派であったことは間違いない。

その他にも、この企業では予算管理システムの設計・導入、営業所の診断、工場の診断、管理職研修、監督職研修、中堅社員研修など幅広い仕事に携わることになった。もともとは日本生産性本部経営コンサルタント指導者養成講座の企業診断実習のインストラクターを担当したことがご縁の始まりであった。1993年（平成5年）には、企業からの要請で当時流行のリエンジニアリングをテーマに管理職研修を実施したこともある。

この企業のCEOは実質的な創業者社長であり、強烈なリーダーシップの持ち主で超ワンマンでもあった。そのため役員含む幹部の目が皆社長の方を向いており、部門間の連携・協力などは二の次といった傾向が顕著に見受けられた。たとえば、ある部門長に他の部門長から仕事の進め方について異論が出た時など、社長に言われたからという一言で一件落着となっていたが、こうしたタイプの企業では決して珍しい話ではない。

ワンマンCEOは私より年齢が20数歳上であったし懐の深い人であったので、ごく率直に意見を述べることができた。私はいまだにこのCEOから聞いた話を人にすることがあるが、何十年という期間にわたる観察や実体験に戻づいて導かれた結論であるだけに説得力に富んでいる。話が直接的な企業経営のことではないだけに、余計に印象に残っているのかも知れない。

最も強く印象に残っているのは、食肉加工業とは切り離せない牛や豚の解体作業についての話である。CEOが長年観察した結果によると、解体作業に関し自他共に許す凄腕の技能者になるのは、中学校を卒業して直ちに解体作業に従事するケースが圧倒的に多いという。下手に大学を出てからこの作業に就くと、一級品の技能者になる可能性は極めて低いというのである。

後日たまたまこの話を近所の畳店の親方にしたところ、すかさず膝を打ってその通りだという反応があった。後継ぎを一級品の畳職人に育てたいということであれば、ガキの頃から親爺のそばで仕込んだ方がよいという。中学生とは言わず、小学校の高学年の頃からの方がよいという意見であった。これらの話は、芸事は6歳の6月6日に始めると上達するという言い伝えに通ずるものがある。

要は、技・スキルといったものは頭ではなく体で覚えなければならないものであるから、出来るだけ身体の柔らかい時期に始める方がよいということに他ならない。そうした意味では、カエルの解剖すら経験のない受験生が医学部に入り、しかも外科医の道を志すのは、考えてみると空恐ろしいことだと言わなければならない。人工知能搭載ロボットを活用した手術の発達は、患者にとって朗報というべきであろうか。

このＣＥＯからは牛に関する忘れることのできない興味深い話もいくつも聞いた。その一つは牛に触れれば立ちどころに肉質が分かるというものである。これは実際に解体作業を繰り返し経験した人で、しかも鋭い観察眼を備えた人でないと身に付けることはできない。経営者も2代目、3代目と世代が下るにしたがって、こうした芸当を身に付けることが次第に難しくなる。創業者社長に独特の迫力のあるのは、こうしたことも与かって力があるといえる。

このＣＥＯは牧場で牛の群れを見ると、風邪をひいている等体調のよくない個体をすぐ見分けることができたという。この話などは小学生の頃、家で飼っている牛の世話を親身になってしていた私には直感的に理解できる話である。また、牛は世話をする人の性格の影響を受けるという話も興味深いものがあった。たとえば荒っぽい人に育てられると、牛の性格も荒っぽくなるというから面白い。生きとし生けるもの諸環境の影響を受けることは共通的のようである。

(2) I社CEOの組織風土改革へのチャレンジ

情報機器関連の中堅企業I社では、トップが組織全体に多大な影響力を及ぼすことができる事実をデータで確認することができた初めての企業である。40歳台に入ってからご縁ができた企業であるが、携わったのは人事制度の設計、営業所の診断、それに組織風土改革の支援であった。足かけ7年にわたってこれらプロジェクトに携わったが、賃金制度の設計が難解を極めコンサルタント生命が掛かっているぞ、と心理的にかなり追い詰められた局面にまで陥ったこともある。

具体的には、職能給を積み上げ方式から洗い替え方式に切り替えたことによって問題が生じた。たとえば社員数が700名だとすると、積み上げ方式を取る場合、職能給額は700通りあると考えてよい。ところがこれを洗い替え方式に切り替えると、間違いなく職能給額が30種類程度まで統一されることになる。たとえば職能資格等級が9等級で、各等級共3ランクだとすると、職能給額は27通りに統一されることになる。そのため一人ひとりの職能給の上げ下げをしなければならないという問題が生じる。

賃金制度の切り替えの際に基本給が下がるようなことは許されないので、この問題をどうクリアーするかの知恵が求められた。当時はまだパソコンなどなくオフィスコンピュータの時代であったが、人事部のメンバーと仮眠を取りながら3日間オフコンをフル稼働させながらシミュレーションを行った。「窮すれば通ず」というが、仮眠中にアイデアが閃き窮地を脱することができた。この経験も結果的にコンサルタントとして次のステップを踏む上での確かな礎となった。

次に冒頭で述べたCEOの影響力の大きさとは、具体的にはこういうことである。I社のCEOは社長に就任するや否や会社の抜本的改革を決意し、「経営5か年計画」を策定したうえで不退転の決意でこの実現に取り組んだ。その一環として社風の改革にも力を入れ、約1,000名の社員を対象に毎年組織風土調査を行った。調査が6年間にわたり毎年実施された事実からも、その本気度が窺い知れようというものである。

この組織風土調査は60問の質問項目からなっているが、その設問のいの一番に「あなたは会社の目標・方針が全社員に徹底していると思いますか」がある。これに対する社員の肯定的回答率は、1回目が36・6%であったものが2回目は48・4%、3回目は53・0%、さらに4回目には58・4%というように著しい変化を見せた。こうした瞠目すべき変化が生じた大本がCEOの本気度にあったことは多言を要しない。

この間に複数のヒット商品が生まれるなど、間違いなく会社が活力あふれる状態になっていった。CEOの本気度とリーダーシップが組織に与える計り知れない影響力の大きさを示す典型的な事例であると言ってよい。よく「社長と副社長の差は、副社長と平社員の差より大きい」などと言われるが、このような事例を見ていると、なるほどと得心させられるものがある。

実はこの話には続きがあり、4回目の調査で58・4％に達していた会社の目標・方針の徹底度に関する肯定的回答率が、その後急降下に見舞われることになる。具体的には5回目の調査では47・5％、6回目には何と28・0％まで下がり、1回目の36・6％をも下回る状態になってしまった事実がある。肯定的回答率の上昇も目を見張るものがあったが、下降もまた急激なものがあった

なぜこのような現象を招いたかについて調査の担当者である私は、第1回目から4回目まで毎年実施していた「経営5か年計画」について討議する部門・部署別の経営参画会議を5年目、6年目には実施しなかったことが最大の原因だ、と6回目の報告書で指摘している。社員の回答結果は、会社の考え方なり施策を映す鏡だと言える。いずれにしても、その他の質問項目に対する回答率の変化も踏まえ総合的に判断すると、CEOのねらいであった企業体質の改革は成功裏に推移したことは確かだといってよい。

この組織風土調査に関連して頭に浮かぶことは、上場を目標に一丸となって取り組んできた企業がその目標を果たすと、どの企業も一瞬虚脱状態に陥ってしまうことである。長期にわたって物事に取り組む場合、テンション&リリースのリズムをうまく活用することが欠かせないが、上場達成後の虚脱状態はいっときのリリースの期間に当たり、やむを得ないことなのか

も知れない。

(3) J社CEOの瞠目すべき見識と卓見

J社は電機業界に部品を供給するユニークな企業であるが、知り合いのコンサルタントからの要請で、1995年（平成7年）に人事制度抜本的改革のプロジェクトをお引き受けした。その当時のCEOの見識には驚くべきものがあったが、私の脳裏に焼き付いている至言を2、3紹介することにしたい。会社を国内外に通用するレベルに育て上げる苦闘の歳月の中で結実したものであるだけに実に説得力に富んでいる。

その第1は「同業者と競争するな。顧客ニーズと競争せよ」である。この表現には顕在的ニーズだけでなく、潜在的ニーズに応える意味も当然含まれている。同業者と競争すると、つい価格競争や過剰なサービス競争に陥ってしまうのが通例である。その挙句が企業体力の消耗であり、下手をすると業界全体の疲弊すら招きかねない。この至言に関する近年の注目事例は、清酒業界の革命児である旭酒造の注目すべき新商品「獺祭」であろうか。

ここで大事なことは価格競争や過剰なサービス競争の埒外にあるためには、当然のことながら自社商品に他社の追随を許さない価値のあることが求められる。J社ではそうした商品を開発するため5年、10年、20年の長きにわたって研究開発にエネルギーを注ぎ続けてきた実績がある。どの分野においても独自の地位を築くには、言語化することのできない主観的知識、いわゆる暗黙知を有していることが欠かせない。

次に「企業にとっての品性は、損得よりも重要である」という言葉を紹介したい。このCEOは同時に「人間に人格があるように会社にも品格がある。いくら品格が優れていても、会社が潰れてしまったのでは意味がないという人がいるが、潰れる会社というのは、それだけ格が低かったというだけのことである」とも述べている。この指摘に関しては、長期的な視点で見れば見るほど蓋然性が高くなることは否定できない。

近年損得勘定を重視するあまり、法に照らして明らかに問題のある事実を隠蔽する不祥事が企業規模の大小を問わず相次いでいる。これらはいずれも短期の損得勘定にとらわれ過ぎるあまり、企業としての品性をかなぐり捨ててしまった例と言える。もし、これら企業のCEOがわが社に品性を取り戻すことの意味を軽く考え過ぎるなら、最悪の事態に立ち至ることがあっても決して不思議ではない。

J社はいろいろの意味でユニークさがあり、価値ある企業であることは間違いない。私自身も人事制度の実態分析をしてそのユニークさに心底驚いた。毎年の賃上げが、全社員を対象に定額プラス定率方式で行われていたのである。当時のJ社には定期昇給とベースアップの区分がなかったため、毎年の賃金改定は両者が混然一体となった賃上げ1本で行われていた。

このような方式で毎年の賃金改定を繰り返すと、どんなに能力があっても実績を上げても、入社時点で自分より基本給の高い人に追い付くことができないどころか、格差は開く一方になる。仮に新大卒者の基本給が20万円、定型的繰り返し作業担当者の基本給が23万円だとすると、賃金改定の方式が定額プラス定率方式なので両者の格差は当然開く一方になる。

人事制度の改革は企業主導で行われるのが通例であるが、J社では若手の大学院卒者や大卒者の突き上げによって、何と労働組合が会社に人事制度の見直しを求めたことが発端となった。能力や実績も反映させて基本給を決めようという話になると、当然人事考課の導入が必要となり、その前段に各クラスの社員にどのような職務遂行能力を求めるかの整理も欠かせないなど、当然のことながら賃金制度だけの話では済まなくなる。

実はJ社のCEOは人事制度改革が始まる以前に「労使交渉は、労働組合はぎりぎりどこまで悪平等にこだわるか。会社はぎりぎりどこまで悪平等を許せるのか」という言葉を残している。CEOも定額プラス定率方式による賃金改定にはつとに疑問を感じていたことは間違いないが、労働組合からの賃金制度改革の要求はまさに渡りに船であったと推測される。

私はコンサルタントになって比較的早い段階から、人には自分のことを何らかの形で適正に認めてほしい、評価してほしいという本能的な欲求があり、人事考課の実施は欠かせないという主張を強くしてきた。こうした主張に対し強者の論理だとする批判があることは承知しているが、Ｊ社の悪平等ここに極まれりという賃金決定の実態は、適正な人事考課実施の必要性をより深く確信する機会となったことは確かである。

(4) K社CEOの香気あふれるライフワーク

企業のＣＥＯは一国一城の主であるだけに、経営者としては言うまでもなく一個人としても魅力に富む人が多い。音楽、文学、芸術、歴史、宗教などリベラルアーツ系の教養を身に付けている人も少なくない。以下では、企業経営そのものとは直接的には関係のない思い出を記してみることにしたい。Ｋ社のＣＥＯとは40数年にわたって年賀状の交換が続いているが、私が第一線を退いた翌年の２０１９年に思わぬ贈り物が届いた。

このＣＥＯは音楽に造詣の深い方であったが、引退後もずっと倦むことなくこの分野の研究にエネルギーを注がれてきたのであろう、ご本人の作詞・作曲になる作品集をまとめたＣＤがある日突然届いた。知り合いより新刊が贈られてくることは珍しくないが、音楽を収めたＣＤの贈呈を受けたのは初めての経験であった。もちろん早速、そしてじっくりＣＤを聴いたことは言うまでもない。

しかし、音楽にはチンプンカンプンの私には、作品についてコメントする力量などもちろんない。ただ私は書くことには50年近くもがき苦しみ続けてきているので、作詞については作者の圧倒的力量を垣間見ることができたような気がした。改めて「継続は力なり」、「功のなるのは成る日の成るに非ず」を実感させられると同時に、途方もなく大きな刺激を受けた。

このCEOに関しては、音楽にまつわる今なお鮮明に脳裏に焼き付いて離れない話がある。40数年も前にコンサルティングでお邪魔をしていた頃にCEOから直接聞いたことである。それはクラシックにも明るいCEOが実は美空ひばりさんの大ファンだという。ひばりさんは地方に公演に来ても絶対に手を抜かないことに胸を打たれる、というのがその理由であった。ひばりさんの入魂の歌唱が人の心を揺さぶることは周知の事実である。

ひばりさんの歌に対する姿勢についてはこんな話がある。NHKのあるアナウンサーが歌謡番組の司会を担当していた頃、リハーサルで「悲しい酒」を唄ったひばりさんが涙を流したので驚いた。本番ではそのようなことはないだろうと思っていたら、また滂沱の涙があふれたので本当にびっくりしたというのである。この話を何かで読んで知った私は、瞬時に違和感を覚えた。リハーサルで涙が溢れるくらいだから、感情移入のさらに激しくなる本番ではなおさらだろうと考える方が理に適っていると感じた。

音楽には縁遠い私であるが、知り合いから薦められて恩田陸『蜜蜂と遠雷』（幻冬舎）を読む機会があった。ピアノコンクールを題材にしたかなり大部の本であるが、大変興味深く一気に読むことができた。その文中に「何かが上達するというのは階段状だ。ゆるやかな坂を上るように上達する、というのは有り得ない」との記述がある。これについては長年感じ続けてきたことであるのでわが意を得た思いがした。Ｋ社のＣＥＯも不断のエネルギーを投入し続けることよって階段を上ることを幾度も繰り返し、今日の境地に達せられたのであろうことは想像に難くない。

2 個性に富んだプロジェクトリーダーの行動様式

(1) 抜きんでた総合力を発揮したＬ社のリーダー

各社の人事制度設計プロジェクトのリーダーとは、仕事が終わってからも交流が続くケースが多い。ゴルフであったり、会食であったり、ブラっと会社を訪ねたりたりすることも珍しくない。Ｌ社には考課者研修等を含めると6、7年お邪魔したが、リーダーとは同い年で波長があったこともあり肝胆相照らす仲となった。そうした事情もあり、Ｌ社での人事制度設計は極めて順調に進んだ。

ただし、Ｌ社ではウチはこういう理由で制度の内容はこうしたいという注文が結構ついた。こういうタイプの企業の方がコンサルタントにとっては刺激があり、結果的にいい仕事、表現を変えると当該企業にとって納まりのよい制度設計ができることになる。やはり、丁々発止の議論が交わされるプロジェクトチームの方がメンバーにとっては勿論のことコンサルタントにも刺激があり、納得のいくアウトプットにつながるケースが断然多い。

L社のリーダーで特筆すべきことは他社と異なり、設計が完了した人事制度の文書によるまとめ、いわゆる手引き・マニュアルの執筆にチャレンジしたことである。具体的にはコンサルタントが手引きの目次の第1レベルの章と第2レベルの節までの案を作成し、リーダーが議事録に基づきながら中身の執筆をし、それをプロジェクトチーム全員で読み合わせをして仕上げるという極めて珍しい方法を取った。

一般的には、コンサルタントが提示した手引きの見本を自社版にアレンジする方法を取ることが多いがL社は違った。なぜそのように他社と異なる方法を取ることができたかについては、特別の事情があった。実はリーダーには、かつて大手出版社の編集担当を務めていたという過去があった。私もその力量は承知していたので、他社とは異なるスタイルを敢えて取ることに何のためらいもなかった。ただし、総仕上げに際して私は専門的立場から表現・内容の修正を必要に応じて施した。

いずれにしても、最後は文書によってまとめることが肝要である。なぜなら、たとえ1年間密度の濃い筋道の通った議論を積み重ねてきたとしても、議事録も残っていないような状態では、その内容はいずれ雲散霧消してしまうことになる。そのため物事は、最後は文書によってきちんとまとめをすることが欠かせない。しかし、企業によっては書くことが得手でないリーダーも見受けられる。そうしたリーダーがメンバーの作成した手引きの案に筆を入れるようなことも時折見受けられる。

そうした際、リーダーの直しが適切でない場合は、私ははっきりとそれは改悪だと指摘することをためらわなかった。もちろんそうした厳しい指摘をしても、場が妙な雰囲気にならないことを読んだうえでのことであるが。このことは、1年～1年半もの長きにわたって仕事を共にする過程で、コンサルタントはプロジェクトのメンバーから相当程度の信頼感を獲得していなければならないことを意味している。

また、L社のリーダーのことを語る場合にはパソコンのことに触れないわけにはいかない。このリーダーは55歳時点ではパソコンの操作はまだ苦手といってよい状態であった。ところがある夏休み明けに訪問したところ、当時流行っていた山口百恵さんの歌をもじって「ひと夏の経験」によってパソコンの操作ができるようになった、という話があった。私もこの事実には大いに刺激を受けたが、数年後にパソコンの猛特訓をすることの切っ掛けともなった。

60歳頃まではパソコンで原稿を書く日が来るのだろうかと思っていたが、画面を見ながら入力できるようになってからは、報告書や原稿の執筆は自然とパソコンに変わっていった。ただし当初は文章の作成が中心であり、たとえば上下左右が対称形のシンメトリックな図を描けるようになったのは70歳を過ぎた辺りからであった。古希にしてチャレンジ精神衰えずといったところか。

最後にL社プロジェクトリーダーのことで記憶に鮮明に残っているのは、コンサルティング活動期間中に契約中断の申し入れがあったことである。企業業績の急激な悪化のためプロジェクト活動を暫く休止したいとの話があった。私は即座にこの要請を受け容れたが、コンサルタントになって20年目にして初めて経験することであった。結局、半年後にプロジェクト活動は再開されたが、こうした不測事態の発生が両者の信頼関係をより強固なものにした。

(2) 電話口で一喝したM社のリーダー

M社には人事制度の設計ではなく、ある特別の意味を持つプロジェクトを支援するためお邪魔したが、同社プロジェクトリーダーの自己の能力と個性を存分に活かした仕事ぶりは強く印象に残った。何事も最初が肝心というがM社のリーダーで忘れることができないのは、プロジェクト活動初日の定刻に姿を見せなかったメンバーに即刻電話で「君はこのプロジェクトを何だと思っているのか！」と一喝したことである。

確かに当該プロジェクトは業界では先行事例のないユニークなものであり、多くの部門から精鋭が参加していた。それだけにリーダーとしては予めプロジェクトのねらい、進め方、各メンバーの役割等を十分説明し満を持して臨んだ初回の会合であった。恐らくリーダーとしては、定刻に全員が揃うと確信していたのであろう。にもかかわらず遅刻者が出たため電話口での一喝となった。

その場にいた全員がこの電話を聞いているわけであるから、プロジェクトチームの空気は当然ピリッと引き締まることになる。現実に2回目以降は定刻までに全員の顔が揃うようになった。やはり大人も躾が肝心だと痛感させられた。根っからの体育会系人間である私などはルールや約束事を尊重する体質が抜け切らないから、こうしたタイプのリーダーは大歓迎である。自主管理などというと聞こえはよいが、それだけではことが済まないのが現実である。

これと似た話をもう一つ紹介する。ジュニア経営者を対象とする勉強会で、あるメンバーが初回に遅刻した際に会の指導責任者が一言「遅いぞ！」と注意した。この一言も参加者全員に聞こえるわけであり、やはりこの勉強会でも特別の事情がない限り、全員が定刻に揃うことが慣例となった。この事例もまた子供だけではなく、大人もやはり躾が欠かせないことを雄弁に物語っている。

時間管理という点でこれまでに最も徹底していると感じたのは、ある外資系企業での人事考課者研修の場であった。定刻になると研修室を内からロックしてしまい、遅刻者は一切入室させなかった。このように会社が断固時間厳守を要求すれば、自然にそれが根付くことになる。

いっぽうチェック機能が働かない組織では、時間を含む規律の厳守がルーズな体質になってしまうのは如何ともし難い。

なお、M社のリーダーにはプロジェクト終了後も、私の専門分野である人事制度の改革を必要としている企業の紹介を受けるなど様々な形でやり取りが続いた。しかし、定年退職後体調不良のため外出もままならなくなり、交流が思うに任せない状態になってしまったことは返す返すも心残りとなっている。

(3) 粘り強く説得に努めたN社のサブ・リーダー

先の例ではプロジェクトリーダーの一喝がチームの空気を一変させた事例を紹介した。もう1社プロジェクトのサブ・リーダーがチームメンバーの態度変容を図った例について述べることにする。ただし、こちらは一喝によってではなく粘り強く、繰り返しプロジェクトメンバーに働きかけることによって空気を変えることに成功した事例である。ちなみに、サブ・リーダーはチームの中では中ほどの役職であり年齢であった。

実は、N社のプロジェクトリーダーには取締役人事部長が任じられていたが、温厚・篤実な人物であり電話口で一喝するようなタイプではなかった。両三度定刻に顔を見せないメンバーが複数名いたため、見るに見かねたサブ・リーダーがプロジェクト活動に即刻参加するよう電話で要請を始めた。その結果、4～5回目あたりから全メンバーが定刻までに揃うようになった。放っておけば自然に定刻までに揃うようになることは決してないといってよい。

このサブ・リーダーはその昔ボート競技でオリンピックに出場した経験のある元選手であったが、ふとしたことから世間は本当に狭いと感じさせられたことがあった。実は私の叔父は昔々の大正時代、ボート部に在籍しコックスをしていた。その叔父が勤め先を退いてから若者を育成するため東京・中野で修行道場を始めたのであるが、このサブ・リーダーは学生時代に何度かその道場に座禅を組みに行ったことがあるという。

当然私の叔父・叔母のことはよく承知しているとのことであったが、四方山話が切っ掛けでそうした事実が偶然にも判明したのである。ただでさえ体育会系同士で波長が合っていたことに加え、こうした事実が判明したためいっそう肝胆相照らす仲になったことは言うまでもない。無駄の効用というが、他愛のない世間話が想像すらしなかった縁を浮き彫りにした思いも掛けない例といえる。

余談になるがこのサブ・リーダーに関しては、流石に元ボートの選手だという得心の行く話がある。それはほかでもない指のサイズのことである。一説によると男性の左手薬指の平均的なサイズは16～17号であるという。私は手が大きく19号であるが、サブ・リーダーは何と24号とのことであった。ちなみに私が銀婚式を記念して指輪を求めたデパートの売り場担当者の話では、元プロ野球選手の江川卓氏のサイズは19号とのことであった。

なお、この企業では人事制度の設計が完了してから導入に至るまでに3年の歳月を要している。言うまでもなく労働組合が反対したためである。そうした事態の発生は予め予測されたので、手引きの作成以外に上・中・下3巻のビデオテープを作成し、社員への説明や考課者訓練にも万全を期した。しかし、そうそう簡単には労働組合の理解・納得を得ることはできなかった。

反対の理由は例の「考課制度の考え方や仕組みには特別の問題はないと思う。むしろ、そうあって欲しいと思う程である。しかし、あの人達が考課するのかと思うと反対せざるを得ない」という理由であった。もちろん、あの人達が管理職を指していることは説明するまでもない。AI時代を迎え人の評価に関する情報が豊富になっても、最後の判断は人間がしなければならないのであるから、今後も考課者が担う役割の重さに変化が生じることはない。

(4) メンバーの自主性に任せたO学校法人のリーダー

次にプロジェクト活動を定刻に始めるという、ごく当たり前のことができなかった例外的なケースを紹介する。ある学校法人の人事制度設計プロジェクトで経験したことであるが、複数のメンバーが定刻に顔を見せない状態が初回より3～4回続いた。しかし、そのことに対する特別の動きがなかったので、リーダー含む出席者と相談のうえ開始時間を30分遅らせ9時30分からとし時間厳守を申し合わせた。その場に居合わせなかったメンバーには、リーダーよりその旨徹底を図って貰った。

こうしてプロジェクトの開始時間を30分遅くしたのであるが、やはり複数のメンバーが定刻に顔を見せないという状態に変化はなかった。遅れるのが特定のメンバーであったかどうかまでの記憶はないが、こうした状態がまた2～3度続いた。業を煮やした私は、開始時間をさらに30分遅らせ10時からとし時間厳守を要請した。その結果は「三度目の正直」とはならず、「二度あることは三度ある」に終わったという苦い経験がある。

このような締まりのない例は例外中の例外であるが、こうした状態を招いたのは人事プロジェクトに対する組織としての関心がそもそも低かったことに起因している。学校法人には高等教育部門教員の人事制度、初等中等部門教員の人事制度、さらに事務職員の人事制度の3系列があることはすでに述べたが、一般企業ほどには職員の人事制度に関心が集まらないことは否定の仕様もない。

また、プロジェクトリーダーが生え抜き組でなかったことも、プロジェクトメンバーをまとめるうえでプラスに働かなかったといってよい。というのは私学の事務職員は自校出身者の割合が高く、何年経っても仕事の上で大学の先輩・後輩の序列を引きずり勝ちだという傾向が見受けられる。そうしたヒエラルキーの有力者がプロジェクトのリーダーを務めていればチームの雰囲気はよほど違ったものになったであろうと推測される。

この学校法人とご縁ができたのは、私が講師を務めた賃金セミナーにプロジェクトリーダーが参加したことが切っ掛けとなった。企業とはかなり体質が異なり面食らうことも多かった。たとえば利益ではなく収支差、賞与ではなく手当などの用語が用いられていたことなどである。しかし、何だかんだ6～7年にわたってこのリーダーと二人三脚で教員の人事制度絡みのプロジェクトの経験を積むこともできた。そうした諸々の経験が、その後のコンサルティング活動の大きな財産となったことは紛れもない。

3 脳裏に刻み込まれた忘れ難い優れた人材

(1) 経営者であり教養人であったPさん

Pさんは中堅製造業の専務であったが、優れた経営者、技術者であると同時に教養人でもあった。根っからの体育会系人間を自任する私とは正反対のタイプであったが、どういうわけか馬が合い終生の付き合いになった。人事制度プロジェクトの下打ち合わせでお邪魔した際のPさんとのやり取りが、今なお記憶にこびりついている。1984年（昭和59年）当時のことであるから、随分昔の話である。

打ち合わせはＰさんの他に社長、総務部長、人事課長が参加して行われ、人事制度改革のプロジェクトをコンサルタントの提案する趣旨に沿って推進することが確認された。その後の雑談で、ジョギングや水泳に一所懸命取り組んでいるという私の話が一段落した時、Ｐさんが即座に「ウチは体力ではなく、能力で勝負してほしいのです」とのたもうた。流石に、場に一瞬緊張が走ったような気がした。

私は間髪を入れずにでもなく、間延びし過ぎることもないタイミングで「ない物ねだりをされると辛いですね」と応答した。すると、どういうわけか場がどっと沸き、この剣呑な問題提起は一件落着となった。恐らく、この頃にはすでに何冊かの著書を刊行していたこともプラスに作用したのであろう。それにしても、初対面の専門家に面と向かって能力で勝負してほしいなどと言う人には、その後にも先にも出会ったことがない。

ただ今にして、Ｐさんは諸状況を総合的に判断したうえで敢えて上記の発言をしたのであろうと確信している。初対面の時からお互いに通底するものを本能的に感じ取っていたのかも知れない。私は音楽や絵画のことなどはからっきし不案内であるが、その後Ｐさんの蘊蓄を傾けた話を聞くのはかけがえのない楽しみのひと時となった。逆に私の経験した剣道の土用稽古など体育会系の話には、実に熱心に耳を傾けて貰った。

Pさんは後年専門分野での研究成果をベースに博士号を取得したが、会社はその記念祝賀パーティーを大々的に催した。その祝賀会の際、Pさんご本人とはまったく関わりのないことであるが、私は実に珍妙な光景の当事者の一人になってしまった。祝賀会参加者は得意先、仕入先等々いくつかのグループごとに席が設けられていたが、私には専門家グループの席が割り当てられていた。

専門家グループは医師、弁護士、弁理士、公認会計士、税理士、コンサルタント等の面々であった。他のグループでは着席するや否や、それぞれ賑やかに名刺交換が始まった。ところが、専門家グループではまるで様子が異なり粛として動きが見られなかった。20代後半まで営業を担当していた私には実に異様な光景に思えたし、不自然極まりない状態でもあったので直ちに行動を起こした。

具体的には、俗に「先生と言われる程の馬鹿でなし」という言葉があるが、このままでは本当にあの人達は馬鹿だということになるので、まず名刺交換をしましょうと働きかけた。当然場の空気の不自然さに皆さん気が付いていたので、きっかけさえつかめば空気が変わるのに時間はかからなかった。**長年先生などと呼ばれていると妙なこだわりやプライドが先立って、自分から進んで人に挨拶することすら出来なくなっている人が少なくないことを痛感させられた。**

Pさんはその後工科系大学に教授として迎え入れられ、若い人たちの指導に情熱を注ぐ日々となった。大学人となった後もPさんとの月1回のゴルフは、氏が74歳で他界するまで続いた。メンバーは私の連れ合いが加わり余人を交えず、3人で四方山話をしながら回るのが常であった。ある時期からこのゴルフ場のキャディーさん達の間で、このパーティーのやり取りを面白がる人が増えてきたという話を聞いた。

たとえばたまさか私がよいショットを放ったような時、Pさんはナイスショットでもグッドショットでもなくマーベラス（marvelous）と声を掛けた。恐らくキャディーさん達にとっては初めて聞く掛け声ではなかったかと思われる。そうした際、すかさず私がその昔アメリカのボクシングのミドル級チャンピオンにマービン・ハグラーという強い選手がいたが、その異名がマーベラスだったなどとフォローした。

このほか、たとえば「犬も歩けば棒に当たる」など、解釈の分かれている諺や言い伝え等についてもカートで移動中にキャディーさん含めてよく話し合った。そうしたやり取りの中で人によって随分イメージが違うと気付かされたのは、数人、数日等の「数」についての解釈であった。私などは「数」とは5～6だという牢固たる思い込みがあるが、人によっては2～3から8～9まで広がっているのには驚いた。

Pさんから教わったことは多々あるが、その一つにゆとりを持つことの大切さがある。車のハンドルにも若干の遊びが欠かせないことと相通じるものがある。目いっぱいの状態が続き過ぎるのを防ぐには、テンション&リリースのリズムを日、週、月、年の単位ごとにうまくコントロールすることがポイントではないかと考えている。私の場合には適度の運動と酒、それに知り合いとの四方山話が何よりのリリースの源であった。

なおPさんと初めて出会ってから約10年後に、例のオウムによる凄惨な地下鉄サリン事件が勃発した。その日はたまたま同社に管理職研修でお邪魔していたが、Pさんの車で本社から工場へ移動中の往路では同事件のニュースを聞き、工場から最寄り駅までの復路ではマーラーの交響曲が流れていたことを覚えている。早いもので、当時から四半世紀もの歳月が流れてしまったことになる。

(2) 学歴の壁を乗り越え才能を開花させたQさん

コンサルタントになって3~4年程経った頃に担当した賃金制度設計プロジェクトに参画したQさんは、プロジェクトの期間中に持って生まれた才能を大きく開花させた、という意味では間違いなく50年間の経験の中でナンバーワンである。プロジェクトに参画することは、それまでに経験したことのない仕事に外部の専門家を含めたメンバー何人かと一緒に取り組むことであるから、能力開発の面でかなり刺激になることは間違いない。

このプロジェクトチームの場合、メンバー10名のうちQさんだけが中学校卒で他は全員大学卒という構成であった。実は、Qさんは家庭の事情で進学が叶わず現場要員として採用されていた。入社後ある時期から労働組合運動に係わり、プロジェクト発足時には書記長に任じられていた。つまり、労働組合代表として賃金制度設計のプロジェクトに参画していたということである。

このプロジェクトは1年半ばかり活動を行ったが、Qさんは最初の半年ほどは自ら求めて発言することはなかった。しかし半年を過ぎた辺りから少しずつ発言するようになり、プロジェクト活動が終盤に差し掛かる頃には、最も影響力のあるメンバーの一人になっていた。さらにプロジェクト活動終了後は、人事部に異動となり新制度の運用・定着・レベルアップに取り組むという場が与えられ大車輪の働きをした。

今日でこそ大学進学率は50数パーセントに達しているが、私などの小中学校の同級生を例にとると、大学まで進んだのは96人中わずか4人のみである。1955年（昭和30年）代の農村・山間部では決して珍しいことではなかった。Qさんはもう少し後の世代に属するが、経済的な理由で進学が叶わない例はまだそれほど珍しいことではなかった。Qさんは地頭がよく高い潜在可能性を秘めていたのであろう、場が与えられたことにより才能が一気に開花したという極めて分かりやすい事例と言える。

能ある鷹が爪を隠したままの状態で終わってしまうことのないよう、これという人材には組

織として意図的にチャレンジングな仕事を提供することが欠かせない。Qさんの場合は労働組合活動、それに加えて賃金制度設計プロジェクトへの参画、その後人事制度の運用責任者に任じられるという仕事の場に恵まれたことが、持って生まれた才能を大きく開花させることに与かって力があったといえる。特に舌を巻いたのは、口頭表現力もさることながら文章表現力が実に巧みなことであった。

(3) 長年にわたる自己啓発で力を蓄えたRさん

Rさんは女性管理職である。50年間にわたるコンサルティングや研修講師の業務を通じて知り合いになり、何度となく意見交換する機会のあった女性陣のなかで強く印象に残っている1人である。Rさんは従業員1000名弱の中堅製造業の管理職として経理実務の中心的役割を長らく担ってきたが、22歳で入社以来分からないことがあると何しろ現場に出向き、関係者に話を聴くことを長年繰り返したという。

最初は伝票に記載されている原材料、機・器材、副資材等々が具体的にどのようなものかの現物確認から始まり、約20年間にわたって分からないことがあれば現場関係者に直接質す、という行動を倦まずに繰り返したという。その結果、購買・開発・製造・営業など各部門の実務と実態にも精通することになった。企業経営には現場・現実・現物を大事にすべしという考え方があるが、Rさんはまさにこの3現主義の忠実な実践者、体現者であったといえる。

Rさんは書類上だけではなく、現場の実態もよく把握したうえで経理の実務を行っていたということに他ならない。**Rさんが各部門に配置転換になった事実はないが、各部門に出向き疑問点について話を聴き意見交換することを長年繰り返すことによって、本来は配置転換によって身に付けるべきことまで独力で習得してしまった例である。**ちなみにRさんはその後関連会社の社長に抜擢され、さらに手腕を発揮する機会に恵まれている。

各企業には、RさんやQさんのように驚くほど高いポテンシャリティを持った人材が潜在している。そうした人材は、間違いなく担当業務が要求する以上の職務遂行能力を有している状態にあるので、その能力に相応しい「場」と「機会」を積極的に提供する必要がある。各企業のプロジェクトチームのメンバーが後々累進していくケースが多いのは、もともと力量のある人物が選抜されていることに加えて、まったく別種の仕事にチャレンジすることで得られた刺激が力量アップに貢献している面もあると思われる。

埼玉県のある女性タクシー・ドライバーが女性に深夜勤務させせないのは男女同権に反する、との訴えを起こし世間の耳目を集めたのは確か1975年（昭和50年）頃のことである。それから10年が経った1985年に「男女雇用機会均等法」が制定され、男女の別に基づく雇用・処遇条件の格差は着実に縮小する方向となった。その後同法は何度か改定され今日に至っているが、男女格差の問題は50年前と比べると隔世の感がある。

しかし、企業等における男女の管理職比率等を見ると、性による雇用条件格差の解消はそれほど簡単ではないことがよく分かる。現状よりもさらに女性の活躍する場が広がっていくことは望ましいが、男性と女性は根本的に異なる特性を有するため、何から何まで同一条件とすることには明らかに無理が伴う。そのあたりの折り合いをどう付けるかが今後も課題として長く残り続けることになるであろう。もし、**通勤ラッシュ時に設けられている女性専用車両が今後も残り続けるなら、それは一から十まですべて男女同一条件とすることには無理が伴うことを示唆していると私は思う。**

4 困惑させられたことや軽視・蔑視された経験

(1) インタビューするのが難しい人

コンサルタントは現状の把握をするために、まず初めに関係者にインタビューするのが通例となっている。すでに述べたように、同一テーマに関して10人ものメンバーに話を聴くと何が問題なのか、その原因は何か、どうすればよいかが概略見えてくる。そのため、コンサルタントにとってインタビューは必要不可欠の調査手法だといえる。インタビューに応じてくれるのは会社より指名されたメンバーであるので、話がスムーズに進むのが通例である。

インタビューは個室を用意してもらい1対1で行うのが通例であるが、私の場合は話を聴く人の下座・右手に陣取ってやり取りするのを基本的なスタイルとした。情報を提供する側が主役、情報の提供を受けるコンサルタントは脇役という考え方による。またこのスタイルの方がメモを取る手が遠くなるので、話し手がその内容をあまり気にしなくて済むという事情もある。しかし、労働組合などは複数メンバーでのインタビューを希望するケースが多いので、それはそれで対応してきた。

インタビューが終わった後に、思わぬことまでしゃべらされてしまったという感想を述べる人が多いという話は、各社の事務局よりよく聞いたが、嘘・偽りのない話を聴くことが出来たケースが殆どであると理解している。中にはけんもほろろの人、迎合する人、逆らう人もいないではないが、よほど例外的な存在だと言ってよい。

しかし、約50年の経験の中でまったく手に負えなかった人物が2人いる。1人はある卸売業の経理担当の若手女性社員であったが、「なぜ私がその質問に答えなければならないのですか」、「私はその質問には関心がありません」等々まるで取り付く島もなかった。コンサルタントとしてはあの手この手で説得に努めたが、からっきし歯が立たなかった。結局数分で「これではインタビューになりませんから、お仕舞いにすることにしましょう」と尻尾を巻くことにした。もう一人は別の企業のＣＥＯであるが、こちらは後ほど述べることにする。

インタビューに関しては、すでに紹介した新入社員時代の3カ月間にわたる同一企業毎日訪問によって否応なく覚えさせられた世間話をしながら、徐々に本論に入っていくコツ・呼吸的なものが大いに役立った。スポーツに例を取ると、世間話は準備運動やウォーミングアップに当たるといえる。「無駄の効用」というが、私は世間話という無駄には絶大な効用があると信じている。

(2) 研修会等での厄介な質問や問題行動

コンサルティングのかたわら管理職研修等の階層別研修、人事・賃金制度設計の実務研修、さらには講演会等様々な形の研修業務にも取り組んできた。その中で圧倒的に件数が多いのは、私の場合は何と言っても人事考課者訓練を中心とする管理職研修である。それだけに思い出も多いが、この研修の経験から人事考課は今後も間違いなく「常に古くて新しい問題」であり続けると確信している。

その理由は、いくら人事考課に関する基準や仕組みを整備しても管理者の部下に対する関心度、観察眼、評価力には驚くべき格差があることによる。そのため、今後も環境の変化に応じて考課の基準や仕組みの見直しが必要になることは言うまでもなく、考課者訓練も粘り強く続けていくことが欠かせない。この考課者訓練に対して一部の管理職からよく出る意見が、人事考課をすることは人権侵害に該当しないかという質問である。

これに対して私は、「人事考課は職能考課と業績考課によって構成されている。職能考課も業績考課も社員に求められている職務遂行能力や仕事の結果とプロセスに関する基準に照らして各社員がどのような状態にあるかを確認したうえで、必要な助言・指導を行うことに目的がある。また社員の自分のことを適正に認めて欲しい、という承認の欲求にも応えなければならない。組織としては当然取り組まなければならない課題であり、人権侵害などにはまったく該当しない」と回答するのが常であった。

このように管理職を含む社員の場合には、人物や人間性の評価を真正面から実施することは通常はない。しかし、役員に登用する場合には真正面から人物評価をすることが望ましい、と私は考えている。その面で問題を抱えている人物は、役員に期待されているリーダーシップを発揮し、役割を果たす上で、そのことが大きな阻害要因となるケースが多いからである。人物面で問題のある人は、後ろ姿で人を引っ張ることなど到底できるものではない。

また時としては見当はずれで筋違いの意見や質問が飛び出すケースもある。人事考課制度の設計に関する本を公刊した時、縁もゆかりもない企業から人事考課を中心とする管理職研修の依頼がありお引き受けした。当日会社側の挨拶が終わり、私が教壇に立った途端に参加者の1

人が立ち上がり、「この忙しい時になぜオタクの研修を受けなければならないのか」という趣旨の発言があった。

私へのこの質問は明らかに筋違いであり、本来なら会社が応答するのが筋である。しかし、私はこのルール違反の挑発に体育会系の闘争心をいたく刺激されたので直に応答することにした。要は、会社より依頼を受けて今ここに立っている外部講師に対する質問・意見としては甚だ筋違いであり、明らかに礼も失している。それほどお忙しいのなら、今すぐ職場に戻り業務に専念していただいてよい旨の返答をした。

後で聞いた話では、この管理者は一癖も二癖もある天下り組の問題児であるということであったが、結局ご本人も終日研修に参加するという結末に終わった。ただし、のっけに意見が出た際に何人かの同調者が万一出るような場合には、会社側がきちんと対応しなければならない。幸いにしてそうした事態には至らなかったのであるが、どうやらこの対応は私の勇み足であったような気がしている。

第一生命保険のサラリーマン川柳に「会議中　頷くやつほど　理解せず」という秀作がある。研修会の場でも確かによく頷く人とそうでない人の別れがある。講師の側からすると頷く人は共鳴して貰っていると思いたくなるが、現実は単なる癖のようなものだと割り切った方がよい。私の長年にわたる観察結果では、男性より女性の方に頷く人が多いように感じている。しかし、中には頷かないどころか1日中講師の方をまったく見ようともしない驚くべき参加者もいた。

ある企業の関連会社役員研修でのことである。レクチャーの際、終日研修室の一点を見詰め、講師の顔を見ようともしない参加者がいた。勿論笑うこともないし、とにかく動き・反応がないのである。こうした場合、通常であれば私は名前を呼んで話しかけるなどの対応をするが、この時はどういう訳かアラームが作動し直接働きかけることはしなかった。こういう例は後にも先にも経験したことがない。

後で研修担当に確認してみたが、事情は把握できなかった。ただ、ご本人は普段は関連会社の社長としての役割を果たしていることは間違いないので、研修の際に何か特別の事情があったと思わざるを得ない。研修に対する不満、講師に対する反感等々様々な理由があり得るが、まことに不気味な参加者であり今もって当時の異様な光景を忘れることはない。

(3) コンサルタント嫌いの経営者

人事制度改革のコンサルティングや役員・上級管理職研修等に関する正規の打ち合わせに際して、私はCEOである社長にも出席を求めるようにしてきた。少なくとも社員数が1,000名クラスまでの企業ではそうしてきたし、受け容れられもしてきた。そのような要請を敢えてするのは、コンサルタントとして当該企業の負託に応えるためには、最高経営責任者の基本的考え方や方針を理解しておくことが欠かせないからである。

50年間の経験の中でそうした要請がまったく受け容れられなかった企業が実は1社ある。挨拶することすら叶わなかったこの企業のCEOは、何しろコンサルタント嫌いで有名であった。この企業の人事制度改革のプロジェクトは金融機関の総合研究所からの依頼によるものであったが、研究所のコンサルタントと2人でお邪魔し仕事が始まってからも何度か社長にインタビューしたい旨申し出た。しかし、この申し出が受け容れられることは遂になかった。

当然この企業では、予備診断の段階でコンサルティングは終了することになった。つまり人材マネジメントに関して当社にはこういう問題点・課題がある、当社の今後の事業展開の方向性や外部環境の動向を踏まえた場合、人材マネジメントはこのような考え方の下に具体的にこのように改革を進めるとよい、という内容の報告書を取りまとめ報告する予備診断の段階で区切りが付くことになった。

結局、このCEOとは世間話をすることもなかったことは勿論、真正面から顔を見る機会さえなかった。風評通り、コンサルタント嫌いだという点では徹底している経営者であることはよくよく理解できた。恐らく過去にコンサルタント嫌いになるような何かがあったのであろう、と憶測せざるを得ない。しかし、残念ながらそれ以外にはご本人に関するする事実関係は風聞以外には把握できなかった。したがって、無責任なコメントをするのは差し控えることにする。

このケース以外に強く印象に残っている例としては、社長面談は受け容れられたものの実際にご本人に会ってみて愕然とさせられたケースが1社ある。このCEOは巨大企業からの転出組で系列上場企業のトップの座に就いていたが、業界でも名の通った経営者だという触れ込みであった。そのため、インタビューの準備もしっかり行い万全を期してCEOとの面談に臨んだ。ところが、である。

普通は名刺交換したうえで世間話を暫く交わし、徐々に本論に入っていくという流れになる。ところが、当該ケースではまったく様子が違った。当然私は名刺を差し出し挨拶したが、CEOは名刺を取り出そうともせずソファに座った。私も間を置かずに着席しインタビューの趣旨を手短に説明した上で質問を始めた。しかし、このCEOの応対たるや正にけんもほろろ、取りつく島もなかった。

たとえば、「業界では設備過剰問題が喧しいですね」と投げかけると「そうですか」、「経営計画についてお伺いしたい」と尋ねると、何と「そんなものはありません」といった返事が返ってくる始末である。いくつか質問をしたが、同様に木で鼻を括ったような応答しか得られないのでインタビューは直ぐに打ち切った。どこの馬の骨だか分からないようなコンサルタントと自社の経営に関するやり取りをするのが不愉快だったのかも知れないが、あまりの傲岸不遜ぶりには心底驚いた。

実績ある経営者の中にもこういう人物がいるのかと認識を新たにした。この企業とは当然のことながら予備診断が終了するまでのご縁となった。なお、この企業では報告書はきちんと作成したが、私は専門家としての矜持にかけて報告会への出席は固く辞退した。実はこのプロジェクトはある専門機関が受注した案件であり、当該専門機関のコンサルタント2名と共に私がチーフとして臨んでいた。したがって、報告会は専門機関のコンサルタント2名で実施したということになる。

このようなことは50年間のコンサルタント経験の中で唯一無二の例であるが、当時の自分の対処法が不適切であったとは今も思ってはいない。この他にもCEOと意見が激しくぶつかり、抜き差しならない状態に陥った例が2社ある。そのうちの1社は典型的な同族企業であったが、「そこまで部外者に言われる覚えはない」ということで、契約解除となった苦い経験もある。「私は○○株式会社のために働いているのであって、○○家のために仕事をしているのではない」と率直に述べたことがCEOの逆鱗に触れたらしい。

上で述べた傲岸不遜なCEOに関しては実は後日譚もあるが、言わぬが花というものであろう。私は役員登用に際して人物評価が欠かせないという考え方をしているが、このCEOの立ち居振る舞いを見ていよいよその感を深くした。なお、**役員に求められる人物像を構成するファクターには品性・倫理感、使命・責任感、チャレンジ精神、ストレス耐性、自信・信念、自己革新力等いろいろあるが、何といっても人望・信望が中核になる要件であると確信している。**これらの諸要件をある知り合いは、一言で「人間力」と表現しているが、言い得て妙である。

(4) のどかで風変わりな思い出

40歳代半ばの頃、賃金制度設計の公開セミナーの関係で札幌へ出かけたことがあった。仕事が終わり千歳空港から羽田までの便に乗ったのであるが、東京地方が悪天候のため仙台空港で降ろされたことがあった。まだ東北新幹線が開通していない頃のことであったので、空港のカウンターで東京までタクシーを出せと必死の形相でねじ込んでいる人もいれば、一方でジタバタしても仕方がないと覚悟を決めている様子の人もいるなど様々であった。

結局、乗客のほとんどは仙台空港からバス何台かで秋保温泉まで移動し分宿することになった。真っ暗闇の中での移動であったので道中の景色もへったくれもなかったが、バスは無事ある宿泊先に着いた。早速大広間で食事をしていたところへ支配人が現れ、幹事さんはいませんか、部屋割りをしたいのですがとの案内があった。しかし、急ごしらえの寄り合い所帯に幹事などいるわけがない。

私は部屋の入口近くに座っていたのであるが、直ぐに幹事役が現れるような気配はなかったし、支配人もどう対処すればよいか困惑しているように見えた。いずれにしても落ち着く部屋が決まらないことには話にならないので、私は敢えて部屋割りの臨時幹事役を引き受けることにした。勿論皆さんの了解を得た上でのことであるが、どうやらこの頃には研修業務などを通じて何十人かの人に目配りをする習慣が身に付き始めていたようである。

支配人との共同作業によって部屋割りを進めたが、具体的には夫婦・子供連れ等家族グループ、高齢者・体調不良者等のグループ、女性グループ、その他雑魚寝ＯＫグループに分け、順次機械的に部屋割りをしていった。思わぬ不測事態の発生によって得難い体験をする機会に恵まれたが、いずれ折を見てゆっくり秋保温泉を訪ねる機会があればと願っている。

V

今後求められる専門職像と能力向上のプロセス

1 50年間のコンサルティング活動を支えた基盤

(1) 幼小期の極めて珍しい原体験

コンサルティングに従事する際の基本的な姿勢として、ファクトファインディングに徹することの重要性は、日本生産性本部経営コンサルタント指導者養成講座時代に徹底的に叩き込まれたことは幾度も述べた。確かに診断結果の報告会などで、当社の経営に関する実態・事実関係はこうだ、ここが問題だ、したがってこのように改善すべきだと勧告する方が、経営のあるべき姿に照らしてここがおかしいからこう改めるべきだ、などと言うよりはよほど説得力がある。

実は、このファクトファインディングに関して私は幼小期に都会暮らしでは到底叶うことのない得難い体験をしている。この体験がコンサルタントとしての私の生涯を支える精神的支柱の一つになったことは間違いない。話のポイントは、昔も昔のその昔わが家で飼っていた15羽前後の鶏がその日に産んだ卵を夕方母親がザルに入れて家に持って帰ってきた時、私はどの鶏が産卵しどの鶏が卵を産まなかったかを正確に判別できるようになったということである。

話を分かりやすくするために、若干の状況説明をする。第1は、鶏は今時の養鶏場のように1羽1羽ケージに入れて飼っているのではなく、鶏舎で放し飼いの状態になっていること。第

2は、鶏舎内に産卵用のもみ殻の入った木箱がいくつか置かれていることである。当然この木箱に朝から15羽前後の鶏が順次卵を産み落としていくことになる。そしてある時期から、夕方母親がザルで持ち帰ってくる12個前後の卵さえ見れば、私はその日に産卵した鶏と休んだ鶏を間違いなく判別できるようになった。

まだ話が分かり難いと思われる。まず一つはザルに入った卵を見て産卵した鶏とそうでない鶏を判別するには、飼っている鶏すべての顔と姿が頭に入っていなければならない。いわゆる個体識別のできていることが暗黙の前提条件の一つである。人と同じように、鶏の顔も姿も1羽ごとに異なっており、ある程度の期間観察を続けると簡単に識別できるようになる。頭の柔らかい幼少期の子供にとっては、造作もないことである。

では、卵だけ見てその日産卵した鶏とそうでない鶏がなぜ分かったのであろうか。それは日がな一日鶏舎の前に陣取り長い期間にわたって観察した結果、あることに気付いたことによる。この観察期間が3カ月であったのか6カ月であったのか、もっと長い期間を要したかについての記憶は定かでないが、鶏が卵を産み落とす度に鶏舎に入り、この卵はあの鶏が産んだという確認を何カ月間かにわたって繰り返しているうちに、はっ！と突然閃いたものがあった。

どうやら鶏ごとに産む卵の形が決まっているのではないか、ということに気が付いた。そこに思いが至ると、後はよくよく事実を確かめるだけのことである。暇に飽かせて事実確認を繰り返した結果、1羽の鶏の産む卵は日によって大きさには若干の違いがあっても形は同じ、つまり相似形であることが分かってきた。どの鶏の卵も当然のことながら卵型であるが、よくよく観察をすると卵型ながらに丸めのもの、四角っぽいもの、三角っぽいものなど個体ごとに微妙な差のあることが分かってきた。

このように個々の鶏の産む卵の形が頭に入ってしまえば、夕方母親が持ち帰ったザルの卵を見るだけで、その日の鶏ごとの産卵状況が分かるという寸法である。長期的観察の結果1羽の鶏が産む卵の形は同じである、別の表現をすると卵の形は個体ごとに微妙に異なる、という仮説が事実であることを確認することができ、私にとっては法則となったのである。

また、この何カ月間にわたる観察の過程で餌をついばむ順番、いわゆるペッキングオーダーがどのようにして決まるか、双子の卵を産むのはどのような鶏か等も分かったという思い出もある。私のような凡庸な人間にも、幼小期にはこのような感性の柔らかさがあったということである。**よくよく観察すれば普段見えていないことが見えてくる、という体験を幼少期にすることができたことは、後年コンサルタントとしてファクトファインディングに臨む際の極めて心強い支えになった。**

(2) エネルギーのすべてを注いだ学生時代の部活動

経営コンサルタントになって間もない頃、コンサルタントに求められる3要件は体力・気力・努力だという話を聞いた。能力が入っていないのが面白いと思ったが、今は仕事に必要不可欠な3要件は体力・気力・努力ではなく、体力・気力・能力だと理解している。大辞林によると気力は「困難や障害に負けず物事をやり通す強い精神力。気合」を指し、努力は「心を込めて事に当たること。骨を折って事の実行に当たること」であるので、努力は気力と同一範疇の概念だと言ってよさそうである。

この体力・気力・能力のうち体力と気力を鍛え上げる意味で、学生時代に打ち込んだ剣道は大いにプラスになった。また初段、2段、3段、さらには4段になるという目標に向かってチャレンジし続けたため、期せずして何年か単位で物事に立ち向かう習慣が身に付いたことも大きな財産となった。ちなみに、**仕事に必要な3大要件のうち体力は1階部分、気力は2階部分、能力は3階部分であると私は理解している。**

体力が鍛えられたという意味では、反射的に思い起こすのが大学1回生の時の夏期合宿である。当時剣道の盛んであった岡山県津山市で合宿したが、事故は合宿初日午前の稽古中に起こった。猛暑の中で上級生相手に掛かり稽古をしている最中に悪寒が走るようになり、遂には身体の震えが止まらなくなってしまった。そのため暫く風通しのよい木陰に放り出されたが、暫く休んでいる内に体調が回復するという忘れがたい体験をした。

幸い午後から稽古に復帰できたが、それ以来どのような激しい練習をしても、再び同じ症状に見舞われることは無くなった。体力の限界が拡がったということに他ならない。当時は土用稽古の後などに、大ジョッキでビールを一気に飲み干すことがごく自然にできたが、懐かしい思い出での一つである。その後半世紀以上経ったが、残念ながらあれほど美味いビールはついぞ口にしたことがない。**このように体力だけではなく気力、能力も同様に自らの限界を拡げる上で、ある種の極限状態を体験することの意味は計り知れない程大きなものがあると言ってよい。**

次になにくそ、負けるものかという気力であるが、これも4年間の部活動を通じて結構鍛えられた。上級生もいろいろで稽古を付けるのが上手な人もいれば、下手な人もいる。上手だとどんなに打ち据えられても不思議に腹が立つことはない。しかし下手だと、次第に感情が波立ってくるのである。私の場合はある上級生と稽古すると、必ずといってよいほど相手の喉元を攻撃する突きの応酬となった。この他、外部の道場を訪ねると結構烈しい稽古を付ける師範もいて間違いなく気力の鍛錬にもなった。

このようにして仕事に必要な1階部分の体力、2階部分の気力を学生時代の部活動でかなり鍛えることが出来たのは幸いであった。**本格的体育会系の学生が就職などの際に優遇される例**

があるのは、決して故のないことではないと私は思っている。3階部分の能力は仕事に就いてから必要なことを身に付ければよいからである。ただし分数ができない、やさしい漢字も読めないような状態では、いかに体育会系といえども論外である。

(3) 生涯のよき相棒であり武器でもあった図解法

私のコンサルティング活動を生涯にわたって支え続け、多大の貢献をしてくれたものに図解法がある。図解法には日本生産性本部経営コンサルタント指導者養成講座時代に出合う機会があり、その後第一線を退くまでの何十年もの間コンスタントに活用してきた。その間に図解した数は、大小精粗すべて合わせると間違いなく1500種類には達しているであろう。コンサルタントの中でも最も図解法を活用した一人だと自認している。

業務の遂行に必要な要件の3階部分である能力には多種多様なものが要求されるが、図解法は経営コンサルタントにとっては習得が必要不可欠の能力の一つであると言ってよい。図解の最大のメリットは、説明を受ける側にとって分かりやすいことである。説明する側にとっても図解の方がベタ一面の文章より、よほど説明がしやすいという利点がある。パワーポイントが盛んに用いられるのはそのためである。優れた図解はまさに一目瞭然、極めて優れた説得力を有している。

問題は何を図解するかであるが、コンサルタントであれば図解法で整理することが望ましいことの一つに、インタビュー結果のまとめがある。たとえば人事制度の本格的なコンサルティングに入る前に、私は経営全般の概況と人事制度の概要を把握するための予備診断を実施するのが通例であった。そうした際には経営者、管理者、社員、労組幹部等20名程度のメンバーにインタビューすることになる。

こうしたインタビューの結果をまとめるには、図解法を用いることが望ましい。提起された諸々の意見を単に羅列するだけでは芸がなく、コンサルタントの仕事としては物足りない。やはり当該企業を取りまく外部環境の動向、企業内部の評価できる点と問題点、今後の事業展開の基本的方向等を踏まえながら、人材マネジメントに関し何をどういう考え方で、どう改革することが必要かに関する構想をフローチャートによって明快に示すことが望ましい。ポイントを突いた図解さえできれば、筋の通った報告書を作成することなど造作もない。

問題は、どのようにすれば図解ができるようになるかである。泳げるようになりたいと思ったのでプールに行ってバシャバシャやっていたら、いつの間にか泳げるようになっていた、というのと同じでよい。スキルは理屈をこねている暇があるなら、練習に次ぐ練習を重ね習熟する以外にうまい方法はない。なお、図解にはいわゆる正解はないが、図の内容を見て深く頷く人が多ければ多いほど出来映えがよいと言って差し支えない。

なお、私の著した実務書にはこれでもかというほど多くの図解が出てくるが、このエッセイでは図解を一切用いないでまとめることにチャレンジしている。人事制度の設計や管理職研修に関する私のテキストは、図表ばかりで文章は定義と用語解説の部分のみというスタイルが多いが、それでよいと確信している。文章だけのテキストは受講者には分かり難いし、コンサルタント本人も説明に難儀するからである。

(4)　ご縁のあったクライアントの温かい支え

50年にも及ぶコンサルティング活動を続けることができた最大の要因は、何といってもご縁のあったクライアントの支えがあったことに尽きる。コンサルティング業務、研修業務のいずれにおいても長い年月にわたって繰り返しお邪魔するケース、いわゆるリピートオーダーをいただくことが多かった。また、これらクライアントから関連企業等におけるコンサルティングや研修業務の依頼を受けることも珍しくはなかった。

とは言っても、初めから知り合いのクライアントがあるわけなどない。コンサルタントとして経験の浅い頃は、初めてお邪魔する企業ばかりである。そうした条件下でクライアントから信頼を得るには、よい仕事をする以外にうまい方法などない。たとえば、企業の新任管理職研修にA、B2名のコンサルタントがお邪魔したとすると、次年度に講師はAさん一人で結構ですからなどといったことが実際に起こり得る。油断も隙もあったものではないのである。いったん仕事でお邪魔をした以上は、コンサルティングであろうが、研修であろうが最低でも合格水準の評価を勝ち取らなければならない。そうでないとリピートオーダーなど期待できないからである。そのため私が自分自身に課したことは、まずは自分自身が得心のいく仕事をすることであった。自分自身で納得のいかないような仕事が人様に満足して貰えるわけがないからである。そのためここ一番という勝負所では、当然のことながら準備段階から渾身の力でことに当たった。

真摯な姿勢で一定期間企業のメンバーと共通の目標に向かって協同作業を続けていると、自ずと相互の間に人間関係が形成され、同時に信頼関係も醸成されてくることになる。ちなみに私は人事制度設計の討議の最中に、その考え方は当社にとって「馴染まない」とか「納まりがよい」などという表現をよく用いた。プロジェクトのメンバーがそうした表現を討議の過程で用い始めると、協働作業も順調に進み始めたと判断すると同時に安堵したものである。

コンサルタントにとって経験を積み重ね専門分野での著作が増えることは、クライアントの信頼を獲得する上でマイナスになることは何もない。ただし、どんなにベテランになろうとも当該クライアントのためにベストを尽くすことが、基本中の基本であることをいささかも忘れるわけには行かない。いくら力量があっても、熱意・情熱がなければ人を動かすことなど到底できないからである。

それやこれやの事情により、長い年月にわたってコンサルタントとして仕事をしてきた割にはお邪魔した企業の数は、コンサルティングと研修の両方を合わせても高々120〜130社程度に留まっている。しかし、その分忘れることのできないコンサルティングや研修が結構あり、悔いはまったくない。ご縁のあったこうした企業の関係者と何年振り、何十年ぶりに再会し、四方山話をすることが第一線を退いてからの私の無上の楽しみになっている。

2 今後の専門職に求められる4つの能力要件

(1) 能力要件は2軸から4軸要件の時代へ

どんな仕事であれ、一定の成果を上げるために欠かせない能力要件は、知的基礎力と対人関係力である。知的基礎力はいわゆるIQ、対人関係力はEQとそれぞれ関連性が深いが、後者は情緒指数と言い換えることもできる。もちろん、この2つの能力に恵まれていればいるほど高いレベルの成果を上げやすく、その逆の場合には成果を上げるのが難しくなる。

この2つの能力の関連性を田んぼの田の字を用いて整理すると、次の4つのパターンになる。すでに挙げたように両方とも高いケース、両方とも低いケースの他に、知的基礎力は高いが対人関係力が低いケース、逆に知的基礎力は低いが対人関係力が高いケースの4つである。この他に知的基礎力、対人関係力共に平均レベルのケースを入れると、合計5つのパターンに整理できる。

企業等での一般的な業務の場合は、この知的基礎力と対人関係力の2つが備わっていれば期待レベルの職責を果たすことは十分に可能である。しかし、業務の専門性が高くなればなるほど、この2つの能力に加えてさらに必要になる能力が2つある。それは価値創造力と意欲完遂力である。ちなみに価値創造力は何か新しいことを案出する能力であり、意欲完遂力は途中で投げ出さず最後までやり抜く能力を意味する。

企業の人事制度改革支援の業務に携わっている内に、知的基礎力と対人関係力だけではクライアントの満足レベルに達する仕事をするのは厳しいと次第に感じるようになった。企業を取りまく環境や内部状況が絶えず変化して止まない中で、人事制度の設計の考え方と方法が十年一日では到底通用しないからである。そのためどんな些細なことであっても脳漿を絞るようにして考え抜き、新しい知恵やアイデアをひねり出すこと、つまり価値創造力の発揮が欠かせないと感じるようになった。

もう一方の意欲完遂力も、コンサルティング業務に取り組むうちに必要不可欠の要件だと痛感するようになった。俗に「窮すれば通ず」というが、人事制度設計絡みの仕事で高くて厚い壁に阻まれもがき苦しんだことは数知れない。そうした際は、窮すれば通ずるまで粘り抜く気力と執念、つまり意欲完遂力の出番となる。知的基礎力、対人関係力、価値創造力を総動員しながら考え貫き、粘り抜くことによって人事制度設計等々通常のプロジェクトであれば何とか壁を乗り越えることができるという経験を幾度もしてきた。

このようにコンサルタントとしての実務体験を積み重ねている内に、知的基礎力、対人関係力に加えて価値創造力と意欲完遂力を身に付けることが欠かせないと痛感するようになった。それらをどの程度身に付けることができたかは甚だ怪しいものであるが、専門職の能力開発の方向性としては間違っていないと確信している。このように専門的職業に求められる能力要件は、知的基礎力と対人関係力の2軸だけではなく、価値創造力と意欲完遂力を加えた4軸が必要だと考えるに至っている。

(2) 能力の土台としての知的基礎力

仕事をする上で必要な第1の能力要件は、何といっても知的基礎力である。昔風に言うと読み、書き、ソロバンの能力、今風に言うとベースリテラシーと表現することができる。この能力に欠落した部分があると、仕事をする上で差しさわりが生じることは言うまでもない。学校教育は主としてこの知的基礎力を身に付けさせることにねらいがあり、他の3つの能力つまり対人関係力、価値創造力、意欲完遂力の習得と向上は直接的な目的とはしていない。

ただし、この知的基礎力は学校教育で培った土台の部分をベースに生涯にわたり拡充を図っていくことが求められる類のものである。私は若手社員研修などで「大学を出ている、いないなど関係ない。高だか4年間をどこで過ごしたかより、その後の30年、40年間をどう過ごすかが問題だ」という話をよくしてきた。勿論その心は、社会人になってからも自己啓発を続け、知的基礎力の拡充に努めることが欠かせないということにある。

「十で神童、十五で才子、二十過ぎれば只の人」という言い伝えがあるが、これを今風にアレンジすると、「二十で秀才、三十で才子、四十過ぎれば只の人」ということになる。これは学生時代の知的基礎力がどれほど高くても、その後能力開発を怠れば職務遂行能力の偏差値はどんどん落ちていくことを意味している。諸環境の変化に応じてビジネスパーソンも、常に脱皮を繰り返すことが求められている。

大学を出ている、いないは問題にすることはないと述べたが、その一方でレベルの高い大学の卒業生ほど社会人になってからも総じて努力すると言われている。そのことを実証するデータは持ち合わせていないが、恐らく間違いのない事実かと思われる。そうしたことを考え合わせると、先に紹介した私の知っている範囲で最も持てる能力が花開いた人材である中学校卒のQさんは、余程地頭がよく、卒業後の能力開発にも並々ならぬものがあったのであろうと推測される。

ある知り合いが「努力できるということは、頭がよいことだ」とよく話していたが、この発言は的を射ていると言える。たとえば算数について知的基礎力の高い小学生と低い小学生がいるとすると、前者は1、2時間程度問題集に立ち向かうことに何の苦痛も感じもないが、後者にとっては到底耐えられるものではない。**このことは、何事にしても問題に粘り強く立ち向かうには、当該テーマに関する一定レベル以上の知的基礎力を備えていることが前提であることを意味している。**

小学校の時には小学生としての、大学時代には大学生としての知的基礎力を身に付けなければならないが、社会人になってからも当然各自の仕事に必要な知的基礎力の習得と向上に努めなければならない。コンサルタントも質の高い仕事をするには業務に必要な直接的知識・技能はもちろん、間接的知識・技能、さらには一般的教養まで身に付けることが求められている。さらに世の中の変化に応じてそれらをリニューアルする必要が生じるから、知的基礎力の維持・向上はまさに生涯のテーマであることがよく分かる。

(3) 協働作業に欠かせない対人関係力

対人関係力、言葉を変えるとコミュニケーション力は日常生活を送るうえで、あるいは仕事をするに際し、現実に計り知れない程大きな役割を果たす。しかし、小・中・高校生の時代に授業で対人関係力について教わった記憶は何もない。この面の能力向上は、社会人になるまではもっぱら家庭、友達、地域社会等から学ぶことのウエイトが圧倒的に高いものがある。大学に入って初めてヒューマンリレーションズなどという用語のあることを知った。ただし、これとて概念の学習が中心であり、そのレベルアップを図るためのトレーニングなどは皆無であった。

学校教育において知的基礎力と対人関係力の向上を図るために割くエネルギー量には、月とスッポンほど差があることは明らかである。かてて加えて少子化の進展、共働き世帯の増加、地域社会における人間関係の希薄化等により、子供たちが対人関係力を高めていく場がめっきり減ってきていることは否めない。企業が新入社員募集の際に求める一番の能力がコミュニケーション力であることは、そうした社会・生活環境面の大きな変化と切り離して考えることはできない。

問題は対人関係力の本質は何かであるが、私は相手が何を考え感じているかを推し量る能力だと思う。一言で表すと共感性ということになろうか。人に対する関心が弱いと、相手の胸中を推し量る芸当など到底できるものではない。ただ他の能力の場合もそうであるが、対人関係力も先天的に優れたものを備えている人もいれば、後天的に、つまり学習によって身に付けることが必要な人がいるなどの別れがあることは確かである。

たまたま私は40名前後の複数グループの世話役、具体的には事務局を長年務めているが、対人関係力の面で随分と勉強になる。この経験を通じても、コミュニケーション力が優れているかどうかは相手の考えていること、思っていることをどの程度感じ取ることができるかがポイントだと確信している。したがって、対人関係力を向上させたいということであれば、何しろ相手に関心を持つことがイロハのイであり出発点だといえる。

たとえば、コンサルタントはプロジェクトチームのメンバーとの協働作業や研修業務の講師に携わることが仕事であるから、対人関係力は必然的に求められることになる。コンサルタントとしてよい仕事をするには、プロジェクトチームのメンバーと良好な関係を築き上げることが欠かせないので、対人関係に無頓着であることは到底許されない。そうした長年の仕事上の習慣と経験が、何かの世話役をするような際にはプラスに作用するように感じている。

問題はどうすれば対人関係の円滑化を図ることができるであるが、まずは相手に関心を持つことと同時に共通の土俵を築くことが欠かせない。そのためには挨拶をする、相手の言葉に耳を傾ける、信義を守る、世話になったら礼を言うなどごく平凡なことを積み重ねていくことが大きな意味を持っている。こうした面でも、いわゆる「凡事徹底」を図ることが大切であり、その積み重ねによって対人関係力が伸びていくことになる。ただ、馬が合うとか合わないなど相性の問題もあり、誰とでも良好な人間関係を築くことは至難の技と言わなければならない。

(4) 専門職に不可欠な価値創造力

昔から創造性は、既存の知識の新しい組み合わせであると言われている。現実に無から有を生じさせることはできないので、創造性を発揮するにはできるだけ豊富な知識や情報を保有していることが望ましい。同様に価値創造力を高めるには、その基盤となる知的基礎力を向上させておくことが欠くことのできない要件となる。現実に「知らないことはできない」と言うが、「無い袖は振れない」と同じく物事の急所を突いている。

絵画や彫刻の世界では、対象であるモデルとそっくりに描くのが習作であり、その内面まで描くことができて初めて創作であると言われている。ビジネス関係の仕事に置き換えると、マニュアル通り忠実に仕事をするのが習作の段階であり、マニュアルを超えたプラスアルファの価値の付いた仕事ができる段階に突入すれば創作の段階に入ったと言ってよい。**専門的職業に従事する人材は、マニュアル通り忠実に仕事をするだけでは決して高い評価を得ることはできない。他にないプラスアルファを付加することができるかどうかが勝負の分かれ道になる。**

よく、形式知だとか暗黙知だとかいう表現が用いられる。ちなみに前者はマニュアル化が可能な知識であり、後者はマニュアル化が難しい主観的知識だと言われている。そのため、形式知は学習することによって身に付けることができるが、暗黙知は単なる学習によっては習得が難しいとされている。暗黙知は特定テーマについて長い年月にわたり問題意識を持ち続け、その解決のためにもがき苦しみながら試行錯誤を繰り返す過程を経て、ようよう獲得できる類のものだからである。

いずれにしても、専門的職業に従事する人材はそれぞれの専門分野で形式知は言うに及ばず、ある種の暗黙知も然るべく身に付けることが望ましい。問題はどうすれば暗黙知が身に付くかであるが、当該テーマに繰り返し取り組みながら長い歳月にわたり問題意識を持ち続け、とことん考え貫く姿勢が欠かせない。スリープ ウイズ プロブレムという表現があるが、通り一遍のことでは暗黙知など到底身に付くものではない。

いわゆる閃きは、そのことに対する精神的緊張を一定期間以上持ち続けなければ決して生じることはない。ふとした偶然をきっかけに何かをつかみ取ることのできる力をセレンディピティというが、これも関心事についての深い問題意識を長期間持続してきた、という背景なしに生じることは決してない。私は何か問題・課題について5年、10年、さらには20年と懸命に考え続ければ、たとえぼんやりした頭であっても多少気の付くことはあると、自分自身の体験を通じて確信している。

「好きこそ物の上手なれ」というが、いやいや仕事をしているような状態では、到底価値創造力の向上を図ることなどできない。知識を知恵に変えるためにも価値創造力の働きが欠かせない。「これを知る者はこれを好むものに如かず。これを好むものはこれを楽しむものに如かず」と言うが、私などはコンサルティング業務を好む段階までは何とか至ったかと思うが、楽しむ段階にまで到達したかどうかは、残念ながら甚だ怪しいものである。

(5) 強力なエネルギー源となる意欲完遂力

近年、経済学の分野などでＩＱに代表される認知能力だけでなく、やる気やストレス耐性といった非認知能力がパフォーマンスに大きな影響を与えるという研究が進んでいるという。わざわざ経済学など持ち出さなくても、本人の能力とやる気がうまくかみ合ったとき一番成果が上がるのは既定の事実であるから、認知能力と非認知能力の両者がパフォーマンスに影響を与えるのはごく自然なことであり、別段の不思議はない。

これまで管理者研修会などで成果は能力とやる気の掛け算によって決まる、という考え方が適正かどうかを夥しい数の参加者に確認してきたが、これを否定する人に出会ったことは一度もない。そのため私は、能力×やる気の能力だけの部分を狭義の能力、能力とやる気、つまり気力を含む全体が広義の能力であると主張してきた。当然、能力を把握・評価する場合には広義のそれを対象にすべきだという話になる。なお、この広義の能力にさらに体力を加えたもの

が最広義の能力ということになる。

そのため各企業の人事制度設計に際して知識・技能、理解・判断力、企画・立案力、折衝・調整力、指導・統率力に加えて意欲・完遂力を社員に求める職務遂行能力要件の柱の一つに位置付けることを提案し、お邪魔した各社に受け容れられてきた。考えてみると、これからの人材に求められる知的基礎力、対人関係力、価値創造力、意欲完遂力の内、私などは意欲完遂力を武器に何とか凌いできたような気がする。

問題はどうすれば意欲完遂力が身に付くかであるが、どんな小さなことであっても最後までやり遂げる習慣を身に付けることである。会社などでも、彼がやり始めたからには間違いなくやり遂げるに違いないと目されている人と、その内に投げ出すことになるさ、と疑いの目で見られている人の別れがある。**「習慣は第二の天性なり」と言うが、取り組み始めたことは必ずやり遂げるという習慣を身に付けることができるかどうかは、実は計り知れない程大きな意味を持っている。**

成功哲学の提唱者であるナポレオン・ヒルは、あらゆる分野における指導者や成功者となった人の成功の度合は、常にその努力に比例していると指摘している。また、元プロ野球選手の桑田真澄氏も現役時代に「僕に人より勝っている生まれついての資質があるとすると、それは努力する才能ですかね」となかなか憎いことを語っている。やはり何かを成し遂げるには、努力とか粘着力、さらには執念という形となって現れる意欲完遂力が欠かせないことを物語っている。

大事なことは何かの目標・課題に向かって懸命に取り組んでいる過程で、知的基礎力、価値創造力、さらには対人関係力の何がしかの向上も同時並行的に図れることである。このように見てくると知的基礎力、対人関係力、価値創造力、意欲完遂力はそれぞれ関連性のあることがよく分かる。これら諸能力の向上を図るには、できるだけ高いパフォーマンスの実現を目指して仕事の目標・課題にチャレンジすることが本道である。

3 能力が向上するプロセスとそのポイント

(1) 目標・課題への果敢なチャレンジ

1976年に公刊された『知的生活の方法』(講談社)で一世を風靡した渡部昇一教授の名言の一つに、「人生で一番大事なことを一つ挙げよと言われたら、私はできない理由を探すなと言いたい」がある。その解釈は一様ではないかも知れないが、本来は新しい目標や課題にチャレンジすることが必要な状況下にあるにも拘わらず、もっともらしい理由を付けてこれを回避することだと私は理解している。

物事に積極的に立ち向かうことをせず尻込みしてばかりしている人と、果敢に立ち向かう人の間には、時間の経過と共に自ずと実力・力量の面で大きな格差が生じることは、如何ともしがたい。自分の能力向上と成長を図りたいと本気で願うのであれば、果敢に目標や課題に立ち向かうことが欠かせない。これはビジネスパーソン、各種専門家、プロスポーツ選手、芸術家、作家、学者等々職業の如何を問わない。むしろ、プロフェッショナルであればあるほど物事へのチャレンジが問われているといってよい。

もちろん目標・課題は人から与えられたものであっても、自ら設定したものであっても構わない。ただし、経験年数が嵩むにつれて自ら設定した目標・課題への挑戦が中心にならなければならない。人から与えられる状態が続くことは、成長していないことを意味するからである。いずれにしても自己の成長を図るには、まずは仕事に関し自分の能力を上回る目標・課題に挑戦することが出発点となる。念のために言うと、端から楽々達成が見通せるようなケースはチャレンジとは呼ばない。

大事なことはいつも楽をしていると、本人は能力の現状維持をしているつもりでも周りは成長して行くわけであるから、能力のレベルが相対的にはじわじわと下がってしまう結果を招くことである。これを繰り返していると、次第に本人のセルフコンフィデンスにも揺らぎが生じ、ますます目標・課題への挑戦意欲が萎えていくことになる。その結果、下手をすると「二十で秀才、三十で才子、四十過ぎれば只の人」になってしまいかねない。過去の蓄積だけで安閑としてやって行けるほど現実は甘くはない。

目標・課題には比較的やさしいものから、多少難儀が予想されるもの、大苦戦が必至のもの、全く手も足も出そうにないものまでいろいろあるが、基本的にはすべての目標・課題にトライすることが望ましい。ただし、苦戦が必至の目標・課題の場合には事前準備・下ごしらえをする期間を織り込むことを忘れてはならない。**こうした目標・課題に挑戦する過程での悪戦苦闘、艱難辛苦が知的基礎力、対人関係力、価値創造力、意欲完遂力のすべてに刺激を与え、結果的に総合的力量の向上が実現することになる。**

童話作家のアンデルセンは「人はどんな高い所にでも登れる。しかし、それには確固たる決意と自信が必要だ」と述べている。こうした確固たる決意と自信を身に付けるには比較的やさしい山、多少困難が伴う山、そして苦戦が必至の山を着実に踏破してきた経験と実績が欠かせない。そうしたプロセスを経た末に初めて、前人未到の峻嶮へのチャレンジが可能な力量が備わる。能力の向上を図るにも、やはりこれと同様のプロセスを踏むことが欠かせない。

(2) 粘り強くやり遂げることの習慣化

以上述べてきたように、自分自身の成長を図るには目標・課題にチャレンジすることが第一のポイントである。第二の要点は、取り組み始めた目標・課題の達成にどんなに難儀しても決して途中で投げ出してはならないことである。途中で投げ出すことを繰り返していると負け犬根性が染み込んでしまい、ここ一番という時に踏ん張りが利かなくなってしまう。投げ出す習慣が身に付いてしまうと、持って生まれた折角の潜在可能性すら自ら放棄することになってしまいかねない。

そのため、どんな小さなことでも最後までやり遂げる習慣を身に付けることが、思いのほか重い意味を持っている。途中で投げ出さないことは、問題解決のために粘り抜くことを意味するが、その過程でいろいろの芸、つまり知識や知恵さらには技が身に付くことになる。**問題解決にもがき苦しんでいる最中は、一見無駄なことを強いられているような気がするかも知れないが、まさに「無駄の効用」と言うように長い目で見ると意味のないことでは決してなく、間違いなく自分自身の肥やしになる。**

以上述べたことをマネジメント用語によって整理すると、プラン→ドゥ→チェック→アクションのＰＤＣＡサイクルをめげずに何度も回すことを意味している。問題解決の過程でうまく事が運ばない場合は、その原因が何であるかを探り、新たな対策を練り、別途の角度から問題解決に挑むことを何度も何度も強いられることになる。そうした試行錯誤を強いられている過程で芸と力量が蓄えられ、目には見えない形ではあっても着実に実力・地力が向上することになる。

途中で投げ出さないことについての極め付きの事例は、発明王のエジソンであろう。燃えないフィラメントを完成させるため、エジソンは2千数百回もの実験を繰り返したと言われている。このことは別の言い方をすると、2千数百回近くも実験が思い通りにいかなかったにも拘らず、めげずにやり遂げたということに他ならない。専門家は言うまでもなく、ビジネスパーソンも何かを成し遂げるには不屈の粘りが欠かせないことは共通的である。

「継続は力なり」というが、これも何かを成し遂げるには途中で投げ出さないことの重要性を指しており、例の「石の上にも3年」に通じるものがある。博士号を取得するには、大学院に入ってから1万時間の勉強が必要だと言われているが、3年間1日も休まず9時間の研究を続けると約1万時間に達する。ちなみに、弁護士など難関国家資格試験突破に必要だとされる勉強時間の6千時間は、3年間毎日5時間強の勉強が必要であることを意味している。

ちなみに、「私は頭がよいから将棋指しになった。兄は頭が悪いから東大に行った」との発言で有名な元将棋名人の米永邦雄氏は、自分は中学から高校までの6年間に将棋の勉強を1万時間したと述べている。これは6年間毎日4時間半強の勉強をすることに相当する。同じく兄が東大卒の元将棋名人の谷川浩二氏も、「何事であれ何かを習得しようと思ったら、体にしみ込むまで練習やトレーニングに励むことが必要だ」と語っている。

このように何かを達成し身に付けるには、何日・何カ月単位の踏ん張りが必要であることは勿論であるが、真の意味でのプロフェッショナルを目指そうということであれば何年・何十年にわたる粘り強い取り組みが欠かせない。ささやかながら私の場合も、そのレベルは別にして図解や原稿執筆に関しては、結果的に30年間も40年間も練習やトレーニングを倦まずに続けてきたことになる。

(3) やり遂げることによるセルフコンフィデンスの深化

目標・課題に挑戦し、途中で投げ出さず踏ん張り抜くと通常の問題であれば最終的には解決するが、やり遂げることの最大のメリットは、セルフコンフィデンスが増すことである。この自己に対する信頼性の増大が、次の目標・課題に挑戦する上での最大のエネルギー源になる。このように目標・課題に挑戦し、途中で投げ出さず最後までやり遂げ、達成感を味わうと同時に自信を付けるサイクルを何度も回し続けることによって力量のアップと能力の向上は着実に図られていく。

大事なことはこのサイクルを何十回、何百回と回わせば回すほどセルフコンフィデンスが本物になり、力量アップが着実に実現していくことである。そうした意味でも、ちょっとした雑用を含むやさしい目標・課題であっても着実にやり遂げることは案に相違して重い意味を持っている。雑用すらきちんとこなせないような体たらくでは、難易度の高い目標・課題への挑戦など到底無理な相談だと言わなければならない。

プロ野球の世界では、いまだに王、長嶋、金田ほど練習した選手はいないと言われているが、どの競技を例にとっても実績を残している選手ほど厳しい練習を積んでいることに例外はない。大相撲にしても昔から横綱が一番稽古をするのが常識であるし、元NHKスポーツアナの羽佐間正雄氏は「私が見た勝負の世界に一夜漬けの成功はなかった。成功のすべては日常のトレーニングの積み重ねによって決まっていた」と述べている。

プロスポーツの選手も現在の力量プラスアルファの目標・課題に挑戦する、その達成のために繰り返し厳しい練習・稽古をする、そして遂に目標・課題をクリアーして自信を深めるというサイクルを繰り返し経験することによって力量アップを図る必要性のあることは、ビジネスパーソンの場合と変わりはない。ただ、両者における現役期間の長短や評価・給与システムの違いが、このサイクルにおける取り組み方の真剣さに影響を及ぼしていることは否めない。

大事なことは、このサイクルが上手く回り始めるとセルフコンフィデンスが徐々に本物になるだけでなく、周りからも次第に期待されるようになることである。そうすると、人から期待されればその期待に応えようとする、例のピグマリオン効果が働くという好循環が生まれることになる。彼が取り組み始めたからにはもう大丈夫だと周りから言われるようになれば、このサイクルが上手く回っているということに他ならない。

人の能力は以上述べたようなプロセスを経て向上するが、リーダー的立場にある人は、自分自身は当然のことながら部下など配下のメンバーにもこの能力向上のサイクルが上手く回るよう目配りしなければならない。そのポイントは部下が苦しくなって途中で挫折したりすることのないよう、ここぞという時に手を差し伸べること、言葉を変えると助言・指導を行うことが欠かせない。企業等では、要所でのＯＪＴほど効果的な能力開発の手法は他には見当たらない。

(4) 能力が伸びるパターンは階段状

ピアノコンクールを題材にした恩田陸『蜜蜂と遠雷』（幻冬舎）に「何かが上達するというのは階段状だ。ゆるやかな坂を上るように上達する、というのは有り得ない」という記述のあることは先に紹介した。これは物事の上達はじわじわ進み、気が付いたらいつの間にか高いレベルに達していたということではなく、ある日突然不連続の変化を起こし以前より高みに達したように見えることを指している。俗に「一皮むける」というが、これは誰が見ても階段を一つ上がった状態のことを指している。

同様にビジネスパーソンの能力も、緩やかに続く長い坂道をゆっくり一歩一歩に登るようにではなく、平坦な道が暫く続いた後にある石段をポンと上がることを繰り返しながら伸びていく。能力の向上とは蓄積してきたエネルギーが沸点に達することによって、周りの人達もが気付くような不連続の変化を起こすことを指す。成長するということは、このような不連続の変化、表現を変えると脱皮を何度も繰り返すことに他ならない。

ロンドン・スクール・オブ・エコノミックス元教授で文化勲章受章者の森嶋通夫氏も、同じ趣旨のことを述べている。自分が経済学者として然るべく実績を残すことができたのは、一定期間勉強に集中することによってエネルギーを蓄積し、何度か爆発することを繰り返した結果だという。なお、この一定の期間が目標・課題によっては何カ月、何年どころかそれ以上の期間に跨ることがあることも承知しておかなければならない。

また、かつての映画の名脇役である志村喬氏も次のように語っている。「永年役者をやっておりますとね、どうしようもない暗闇に落ち込んで、全く動きが取れなくなってしまうことがあります。それでも投げ出さずに懸命に努力していると、ふいに光が見えてくる。そして気が付いてみると、いつの間にか暗闇を脱し芸は進歩しているのです。芸というものは、どうにもならない暗闇を抜けたときグーンと飛躍するものです」と。

このように人の成長パターンは縦軸に能力、横軸に期間を取ると、右肩上がりの直線グラフの上ではなく、階段状に描かれたグラフの上を移動する形になることを意味している。このフラットな期間が挑戦する目標・課題によっては何カ月であったり、何年であったり、場合によってはそれ以上の期間に跨るケースがあることはすでに指摘した。しかし、先ずは何とか達成が見通せる目標・課題へのチャレンジを始めなければことは始まらない。

「人事を尽くして天命を待つ」という言葉がある。これはできる限りのことをしたら、結果がどうなるかは天に任せるという意味で用いられている。理屈を言うと、天命を待つ気持ちになれる程ベストを尽くすことが必要だとも理解できる。これに対し、「天祐を信じて人事を尽くす」という考え方もある。結果に不安を抱きながらよりも、最終的には何とかなると頭から信じて取り組む方がよいという考え方である。経験と実績を積み重ねるにしたがって、少なくとも専門分野に関しては、こうした物の考え方に自然に立つことができるようになることが望まれる。

4 コンサルタントとして取り組んできた能力開発

(1) チャレンジしてきた目標・課題とその内容

人の能力が伸びるプロセスについていろいろの角度から検討してきたが、次に自分自身がコンサルタントしてどのような目標・課題にチャレンジしてきたかについて述べる。これらに関しては、コンサルタントを目指すため日本生産性本部経営コンサルタント指導者養成講座の受験に挑戦したことを先ず挙げなければならない。その詳細はⅠ章で述べたが、このチャレンジがコンサルタントしての生涯に決定的な影響を及ぼしたことは間違いない。

学生時代は剣道一本鎗であったため、講座前半の半年は悪戦苦闘の連続であった。しかし、身を賭して講座に打ち込んだせいか、後半に入ってから自分でも力が付き始めて来た手応えを感じるようになった。特にこの講座で出合った図解法は、その後20年、30年と自分なりに工夫と改善を加え続け、仕事上の最大の相棒でもあり武器ともなったことは何度か述べた。このほか講座の授業と同時並行的に、必要性を感じ統計学の通信講座に悪戦苦闘しながら取り組んだだことも懐かしい思い出になっている。

コンサルタントとして諸々のテーマにチャレンジしてきたことは言うまでもないが、生涯を通じての最大の目標であり課題は、専門分野に関して出来るだけ深く掘り下げることであった。具体的には、トータル人事制度の設計・導入とフローアップをあるべき姿と当該クライアントの実態を睨み合わせながら、いかに段取りよく的確に行うかを深く追求することであった。ちなみに、トータル人事制度とは人を育て、活かし、評価し、処遇することを有機的に関連させながら一体的に運用する人事制度のことである。

こうした考え方に立つ人事制度を設計するには、人事制度全般に関する自分なりの考え方と設計手法を持つことが欠かせない。そのためには実務経験と理論的研究を統合することが欠かせないが、コンサルティングの場は巧まずしてその両方の充足が可能な貴重な機会であり場であった。このような得難い経験を文書に取りまとめることにも、何十年間にわたり不断のエネルギーを注ぎ続けた。これらに関する思索とその取りまとめをするに当たっては、先の「学問なき経験は、経験なき学問に勝る」との気概を胸に、途中で投げ出さないことをモットーに粘り強く取り組んできた。

なお、記録に残っている業務上の最もハードな日程は、30代前半に経験した21日間の連続稼働がある。コンサルタントは単に顔だけ出せば役割が果たせるということでは決してないので、よくこのハードな日程を凌ぎ切ったものだと感慨深いものがある。これが契機となって体力の増強・維持に関する目標・課題への取り組みが本格化することになった。今はジョギングからウォーキングに形は変わったがいまだに運動は続いている。げに、習慣の持つ力は恐ろしいものがある。「習慣は第二の天性なり」というが、どのような習慣を身に付けることができるかは、人の生涯にとって計り知れないほど大きな意味を持っていると実感している。

物事にチャレンジすると、うまく行くときもあれば行かないケースもある。私が真剣にチャレンジしたことの中で最も大きな失敗と挫折は、設立した小さな会社を次の世代に引き継ぐことができなかったことに尽きる。その原因は極めてはっきりしており、すべて私自身の力不足と不徳の致すところによる。併せて、コンサルティングに関する○○○メソッド等のプラントを立ち上げることが如何に難しいかも痛感させられた。まさに蟷螂の斧の感があった。

(2) 途中で投げださず踏ん張り抜くことへの固執

取り組んでいるプロジェクトが行き詰まり、苦しい思いをするのは決して珍しいことではない。企業は社内メンバーだけで解決するには手に余るため外部専門家に支援を求めるのであるから、左うちわで解決できるような問題はないと言ってよい。コンサルタントも毎回四苦八苦しながら解決に当たるのがむしろ通例である。私自身も多少の苦しみ、塗炭の苦しみのいずれを味わうかは別にして、その都度試練にさらされもがき苦しみながら何とか解決にまで漕ぎつけるのが通例であった。

そうした経験を積み重ねていく内に、仕事に行き詰まっても何とかなるだろうと思えるようになってくる。そうなれば、しめたものである。この気持ちのゆとりが粘りにつながるからである。また「窮すれば通ず」というが、これも真実の一面を鋭く突いている。本当に困り果てると何日間も正に脳漿を絞るようにして考え抜くため、潜在意識下に沈んでいたアイデアが突如結実し、思わぬ事態の打開に結び付くことは珍しくはない。現実に、就寝中に閃いたアイデアが問題解決の切っ掛けになったことは一再ではない。

そうした際に大事なことは真夜中だろうが朝方であろうが、飛び起きてすかさずメモを取ることである。ノーベル化学賞受賞の福井健一氏も、何かアイデアが突然浮かんだときは直ぐメモを取ることを勧めているがその理由が面白い。メモしなくても覚えているようなアイデアに大したものはない、というのがその理由である。何度かそういう体験をすると、たとえ真夜中であってもそれきた有り難や！と飛び起きることができるようになる。

このように物事を途中で投げ出さずやり遂げ、セルフコンフィデンスを深めることの重要性は、１９８０年に公刊した著書で力説していることから推して、コンサルティングや研修業務で鍛えに鍛えられた体験を通じて30代後半には確信めいたものになっていたようである。そうこうしている内に、いったん取り組み始めたことは得心のいくまで追求しなければ気持ちが納まらなくなり、ますます途中で投げ出すことに強い抵抗感を覚えるようになってしまった事情もある。いずれにしても目標・課題の達成に固執する習慣が、結果的にコンサルタントとしての能力開発につながったことは確かである。

このように目標・課題達成のために不断のエネルギーを注ぐという行動習慣は、学生時代にのめり込んだ剣道によって培われた面もある。1回生の時は初段、2回生の時は2段、3回生の時は3段、4回生の時は4段を目指して部活動や1人稽古に打ち込んだ。残念ながら4段にはなれずに終わってしまったことが今も心残りとなっている程である。現に就職先を決める際に通常の企業にするか、剣道を続けるため警察の機動隊にするかで結構思い悩んだ事実もある。

いずれにしても、長い年月にわたりまずまず粘り強く業務に取り組んできたかと思う。それが可能であった最大の理由は、私の本業である人事制度設計の基本目的が社員の働きがい追求と企業業績の向上に寄与・貢献する点にあったことが大きい。つまり、仕事の目的が実に前向きであり、一点の曇りもない気持ちでプロジェクトに取り組めたことが有り難かった。もし仕事の目的の面でいささかでも疑義を抱いていたなら、粘着力の面で間違いなく様相が違ったであろうことは想像に難くない。

(3) 粘り強くやり遂げることによる自己確信の深化

能力の向上を図るには目標・課題に挑戦し、途中で投げ出さずにやり遂げ自信を付けるサイクルを何度も回すことだと述べてきた。同時に能力向上は緩やかな坂道を上るようにではなく、階段を上るように不連続の変化をすることも併せ述べた。能力向上のサイクルを1回せば階段を一つ上がれるという保証はどこにもないが、何しろこのサイクルを何度も何度も回し続けなければ能力の向上が実現することは決してない。

現実に物事をやり遂げたときには、特に苦労を伴った場合であればあるほど深く達成感を味わうことができ、同時に自信が深まるのを実感することができる。この自己確信をより本物にするには、次々と目標・課題にチャレンジしやり遂げることを繰り返す以外にうまい方法はない。本気で何かのプロフェッショナルであることを志すなら、現役である限りはこのプロセスをたゆまず歩み続けることが求められている。

寝ても覚めてもという表現があるが、何か困難な問題を解決し乗り越えるには、寝食を忘れて取り組まなければならない場合が時としてはある。私なども知恵が出なくて窮地に追い込まれることが何度も何度もあったが、すでに述べたように就寝中に突然アイデアが閃きそれがヒントとなって事態の打開を図ることができた経験が幾度もある。閃きはあるテーマに対する精神的緊張を一定期間持続することによって初めて生まれるというが、まさにその通りだと自分の体験を通じて実感している。

「下手の横好き」とも、「好きこそ物の上手なれ」ともいう。物事に対する習熟度を初級者、中級者、上級者の3クラスに分けた場合、「下手の横好き」は初級者に多く、上級者の多くは「好きこそ物の上手なれ」のレベルに達していると言ってよい。誰でも最初は初級者であるが、目標・課題のレベルアップを図りながら投げ出さずにチャレンジし続けることによって中級者、上級者への道が拓けてくる。

漫画家の柴門ふみ氏は「新旧交代の激しい漫画業界で10年、20年と質の高い作品を発表し続けている人がいる。そういう人の多くはこれを描かせれば右に出るものはないという専門分野を持っている」と述べている。この言葉はプロフェショナルの世界で認知されるには、中級者に留まらず上級者のレベルに到達しなければならないこと、その上級者の中でも個性・特色ある存在になることが生き残りの条件であることを物語っている。

(4) ゼネラリスト志向かスペシャリスト志向か

昔から人材に関してよく取り上げられてきた論点の一つにゼネラリスト、スペシャリストのいずれを志向するのがよいかがある。これについての答えは明々白々で、まずは特定分野に関しては人に負けない何かを習得することが先決である。その結果、所属する組織で第一人者になれば、間違いなく当該組織ではスペシャリストの領域に達したといえる。後は当該分野をさらに深く掘り下げるか、併せ他の領域の習得も目指すか路線の別れが生じることになる。コンサルタントの場合にも、基本的には同じことがいえる。

この問題はビジネス以外の分野でも議論になることがある。たとえば音楽の勉強をする場合に、何か一つの楽器に絞って一定レベルに達するまで続けるか、他の楽器も同時並行的に習うかのいずれがよいかについては、音楽に対するセンスを磨くには圧倒的に前者の方がよいことは議論の余地がないという。いったん音楽に対するセンスが身に付くと、他の楽器を習っても習得が速いというが、極めて説得力のある話である。

スポーツの分野に目を転じてもまったく同じことが言える。たとえば柔道を例に取るとあれもこれもではなく、まず一つの技の習得に励むことが先決だとされている。背負い投げなら背負い投げが一定のレベルに達してから次の技の習得に向かうとよいという。その際、背負い投げ習得の過程で身に付けた相手との間合いの取り方、技に入るタイミングといった柔道のセンスが身に付いているほど、次の技の習得がスムーズに進むと言われている。これも得心のいく話である。

経営コンサルティングの世界にもゼネラルコンサルタント、スペシャルコンサルタントの別がある。なお、ここでは前者を企業経営の全領域にわたる問題・課題の解決に携わるコンサルタント、後者を経営計画、生産、財務、人事、マーケティング、R&Dなど特定分野の問題・課題の解決に当たるコンサルタントだと仮に規定しておく。このように整理すると、スペシャルコンサルタントのイメージは比較的掴みやすいが、ゼネラルコンサルタントが一体どのような内容の業務に携わるかのイメージは必ずしも明確ではない。

もしゼネラルコンサルタントが、文字通り企業経営の全領域にわたる問題・課題の解決ができることが条件だということであれば、そのような全能のコンサルタントは存在しないと言って差し支えない。**そこで、ゼネラルコンサルタントのことを「当該企業のCEO目線に立って企業経営全般にわたる指導ができるコンサルタント」と規定することにする。**そうした意味であれば、経営全般の指導ができるコンサルタントは存在するであろう。ただし、その多くは業種を特定するか、中堅・中小規模企業に的を絞った形になる公算が大である。

日本生産性本部の経営コンサルタント指導者養成講座は、ゼネラルコンサルタントになるための基礎的知識と技法を提供する講座ではあったが、講座修了時点ではあくまでコンサルタント見習いのレベルに過ぎない。その後何十年かにわたり研鑽を積むプロセスを経て初めてゼネラルコンサルタント、つまりCEO目線に立って企業経営全般にわたり指導できるコンサルタントになる道が拓ける。私などはある時期から特定分野にフォーカスした典型的なスペシャルコンサルタントの例だといえる。

5 これからコンサルタントを目指す人に

(1) 転身を図るのに適正な年齢

経営コンサルタントに転身する年齢として、一体何歳頃が望ましいのであろうか。結論から言うと、自分がそうだったから言うのではないが30歳前後で転身するのが望ましいように思う。20代で社会人としての基礎を身に付けておくのが望ましいことが理由の一つである。特に対人関係力のベースはしっかり身に付けておくことが望まれる。私は就職すると直ぐに営業部門に配属となったので、対人関係力を習得するうえで得るところ大であった。特に後年受注活動をする際などには、若い頃の営業職としての経験と感覚が大いに役立った。

コンサルタントはコンサルティングであろうと研修であろうと必ず何人か、あるいは何十人かの人を相手に仕事をすることになる。そのため対人関係力に欠ける面があると、仕事そのものに支障をきたすことにもなり兼ねない。コンサルタントは関係者に影響力を及ぼすこと、つまりリーダーシップの発揮が期待されているからである。またわが国では長幼の序という感覚が今も残っているため、20代でコンサルタントとしての務めを果たすことは、実際にはかなり厳しいものがある。

現実に役員研修などといった仕事になると、特定のテクニカルなテーマの場合は別にして20代は勿論のこと、30代であっても企業経営に関するよほど卓越した見識なりコンサルティングの実績がない限り、合格レベルの仕事をするのは厳しいであろう。30代のコンサルタントが平均年齢60歳台の役員陣に、そもそも企業経営はとか人生はとか力んでみても空回りする公算が大だからである。

先にコンサルタントとしての仕事をする上での3大要件は、体力・気力・努力だという説もあるが、現実には体力・気力・能力の3つだと述べた。コンサルタントに転身すると当然のことながら新たな能力、表現を変えると知的基礎力、対人関係力、価値創造力、意欲完遂力を習得なり修得することが求められる。こうした新たな能力を身に付ける意味でも、体力・気力共にまだ旺盛な30歳前後で転身を図ることが望まれる。

さらに気力・能力のベースとなる体力のことを考えると、30歳前後で転身を図ることが適切だと言わざるを得ない。私は就職してからピッタと運動を止めたことと、酒の飲み過ぎが原因で身体のコンディションがじわじわと悪化し、20代の後半にギランバレー症候群という難病奇病に罹り、自分の命が正に風前の灯火であることを実感させられた苦い経験がある。担ぎ込まれた九州大学附属病院で、仮に治っても足腰が立たなくなる恐れがあると宣告されるような始末であった。

入院前に70kgあった体重が2カ月間で40kg前後にまで減ってしまったのであるから、確かに只ごとでなかった。このように、あの世を半分覗くという類まれな体験をしたため退院後は、性根を入れ替えて運動を再開すると共に節酒・禁煙の生活を送るようになった。そして、その2年後にコンサルタント指導者養成講座を受講することになった。コンサルタントになってから体力の増強に倦まずに取り組んだ背景には、飛び込んだ世界が体力を必要としたことに加えて、実はこのような特別の事情も隠されていた。

(2) 事前に必要な諸準備

経営コンサルタントになるには、これとこれの準備が欠かせないというものが特別にあるわけではない。ただ将来コンサルタントを生涯の職業として選択するつもりであるなら、のほほんと日々を過ごしている訳にはいかない。現実に弁護士や公認会計士になるには、難関国家試験を突破しなければスタート地点にも立てない。コンサルタントを目指すのであれば、せめて事前に中小企業診断士、社会保険労務士、技術士等企業経営に関する何らかの資格を取得しておくことが望まれる。

考えてみると難関国家資格を突破した場合には、その時点で専門分野に関する知的基礎力は一般の企業人とは比べようもない程の格差が生じていると言ってよい。しかし、コンサルタント志望者の場合は仮に中小企業診断士の資格を取得したとしても、企業経営に関する知識・技能の面で通常のビジネスパーソンとそれ程圧倒的な格差が生じるわけではない。したがって、中小企業診断士の資格を取得しても専門家として直ちに通用するわけではない。

そのため、コンサルタント見習いになってからの真剣な能力開発が欠かせない。ただ、企業経営は領域が広く何に焦点を当てて能力開発をすればよいかが難しい。したがって、現実的には実際にコンサルティング業務で取り組む問題・課題に関する学習をするのが最も実践的であり効果も期待できる。そのためコンサルタントとして経験の浅い頃には仕事のえり好みなどせず、与えられた仕事に全力で体当たりすることを避けて通ってはならない。

そうしたことを繰り返している内に、自分が専門としたい分野が何かも次第にはっきりしてくることになるが、そのイメージさえ固まればその後の能力開発は一瀉千里となる。ただし、専門分野を絞った場合の能力開発は守・破・離の守の段階は言うに及ばず破の段階にも安住することもなく、離の段階を目指さなければならない。しかし、このレベルには書上錬磨だけでは決して到達することはできない。事上錬磨、つまり長年の実務・実践を通じて練り上げ鍛え上げ、そして磨き上げていく以外に方法はない。

仮に弁護士業務を例に取ると、たとえば闇の勢力と対峙できる力量を身に付けるには事上錬磨、つまり修羅場を何度も潜り抜ける等の実体験を積み重ねることによって身に付ける以外に決め手はない。どちらにしても、**資格を取得するのは書上錬磨によって可能なプロフェッショナルとしての入り口に立つ段階であり、その後10年、20年、30年、さらには40年と事上錬磨を繰り返しながら、独自の理論・ノウハウを構築し磨き上げていくことが真のプロフェッショナルには求められている。**

ただ自分の反省点を踏まえて言うと、企業経営のどの分野のスペシャルコンサルタントになろうと、財務に関する知識だけは十分身に付けておいた方がよい。予備診断の際に財務諸表が読めなければ話にならないからである。簿記論や財務諸表論は私の出身校では必修科目であったが、簿記論などは3年連続で落第点を喫するという体たらくであった。そのためコンサルタント養成講座の授業だけでは挽回が利かず、コンサルタントになってからも両三年ねじり鉢巻きで簿記論と財務諸表論の再学習に取り組まざるを得ないという憂き目にあった。

(3) 組織所属かフリーランスか

経営コンサルタントに付いて回る問題の一つに、組織所属またはフリーランスのいずれを選択するかがある。この問題はコンサルタントになる時と、なってからの二局面に分けることができる。前者に関しては、組織に所属する形でコンサルタント業を始めるのが望ましい。弁護士業界には、ボス弁の下で修業に励むイソ弁というシステムがあるが、コンサルタント業も何年かはアシスタントの経験を積むことが必要不可欠だと言って差し支えない。まず、基礎固めをすることが望ましいからである。

たとえば何かの資格を取ることがシャドーボクシングだとすると、実際に実務に従事することはリングに上がって試合をすることに該当する。実戦はおいそれと教科書通りにことが運ぶことはない。そのためボクサーはコーチの指導を受けながらスパークリングに励むことが欠かせない。同様にコンサルタントも先輩に同行しスパーリングの経験を積むことによって初めて実戦のコツや勘所に触れることができる。守・破・離の守の段階を我流だけで過ごすと、所詮その後の成長が大きく制約を受けることになる。もし組織に所属できない事情がある場合は、せめて教えを乞うことのできる先達を見つけるようにしたい。

組織所属かフリーランスかの問題は、特定組織に所属しているコンサルタントの場合にも当該組織に所属し続けるか、独立するかという形で常について回ることになる。端的に言うと、独立したくてもその力量がなければ所詮叶わない夢なので、まずは独立可能な力量を身に付けることが先決である。そのうえで組織に所属するか独り立ちするかの選択をすればよい。**仮りに独立できる力量があっても、生涯組織所属のコンサルタントとして貫き通すことも有力で立派な選択肢である。**

仕事をする際の基本的な対応関係は組織対組織であって組織対個人ではない。そのため大組織相手のコンサルティングをしたいと思うのであれば、しっかりした組織に所属するコンサルタントの道を選択しなければならない。現実に人事制度の設計・導入で私がお邪魔した企業は、社員数300人～800人規模の企業が中心である。それ以上の規模の企業の壁は途轍もなく高くて厚い。現実に私がいわゆる大企業対象にコンサルティングを行った例は日本生産性本部時代の1社を数えるのみである。

もし仮に私がもう一度やり直しをするなら、まずどこかの組織に所属する道を選ぶことは間違いない。日本生産性本部の経営コンサルタント指導者養成講座が昔の状態のままなら、再度受験する道を選択してもよい。専門機関を選ぶに際しては、ジュニアコンサルタントを育成する仕組みを確認することも欠かせないであろう。ただし、当該専門機関の選抜試験を突破できる力量を身に付けておくことが前提条件となることは言うまでもない。そうした意味でも、予め何か専門的資格を取得しておくことは必須と言える。

組織所属のジュニアコンサルタントになれば、いかに守から破の段階へ、さらには破から離の段階へと脱皮していくかが課題となる。所属組織からの独立は守の段階ではあり得ないが、破の段階さらには離のステージに達すると組織に残るか独立するか、いずれを選択するかの別れが生じることになる。これはどちらが正しいかという問題ではなく、本人がコンサルタントとして今後どういう生き方をしたいのか、仕事をしたいのかという選択の問題である。

(4) 目指すべきコンサルタントのタイプ

一言でいうなら、個性・特色のあるコンサルタントになることが望ましい。表現を変えると、専門分野に関して借り物でない自分自身の考え方と方法論を持っているコンサルタントを目指すとよい。このことは、別の言い方をすると守・破・離の最後の離の段階にまで到達するのが必須であることを意味している。そのためには、やはり最終的には専門分野を絞ること、つまりスペシャルコンサルタントを目指すことが望ましいケースが圧倒的に多いと私は思う。あれもこれもと欲張り過ぎると結局は虻蜂取らず、器用貧乏に終わってしまうことになり兼ねない。

私のいうゼネラルコンサルタントはすでに述べたように「当該企業のCEO目線に立って企

業経営全般にわたる指導ができるコンサルタント」のことであるから、一朝一夕に到達できる境地ではない。まずは経営計画、生産、マーケティング、人事など特定分野の指導に精通したコンサルタントになることが先決である。近年は廃業をどのように進めるかに特化したコンサルティングが注目を集めているが、これなども特定分野に的を絞った一つのコンサルティング形態だと言える。

最終的には特定分野のコンサルティングに特化するにしても、コンサルタントになってすぐに専門分野を絞るのではなく、企業経営全般を理解する一環として10年程度は様々なテーマにチャレンジすることも必要である。高い山ほど裾野が広いことからも分かるように、専門分野のレベルを出来るだけ高くするには企業経営の他の分野にも通じていることが要件となる。「無駄の効用」というが、長い目で見ると専門分野以外のことにも通じていることが無駄に終わることは決してない。

以上述べてきたことは一般企業を暗黙の前提にした機能・分野別特化の話であるが、特色のあるコンサルタントになる方法としてはこの他にも規模別特化、業種別特化、海外進出や廃業など特定テーマに特化するなどの方法がある。いずれにしても、どのようなタイプのコンサルタントになるかは本人の決めることであるが、ジュニアの時代には与えられたいろんな種類の仕事にチャレンジしながら、何年かの内には方向決めをするようにしたい。そうした意味でも

30代前半までに転身を図ることが望ましいという話になる。

(5) コンサルタントに求められる心構えと姿勢

コンサルタントには一体どんな心構えが必要なのか、50年間の経験を振り返りながら整理してみることにしたい。第1は目標・課題にチャレンジする姿勢を生涯持続すること、第2は先ずは自分自身が得心のいくアウトプットを常に心掛けること、そして第3に自己管理の徹底に努めることの重要性を強調したい。現役である限りは、この3つの心構えなり姿勢を持ち続けることが不可欠である。「点滴岩をも穿つ」というが、5年、10年、20年、30年、さらには40年と挑戦し続けることによって、ジュニア時代にはまるで歯の立たなかった問題・課題についても何とか解決への道筋が見えてくるようになる。

第1の目標・課題に挑戦する姿勢を生涯堅持することの重要性については、2019年のノーベル化学賞受賞者の吉野彰氏が、自信を持つことと物事に挑戦することの重要性について口を極めて強調されている。ただし、挑戦とは結果がどうなるかを見通せない状況下で思い切って物事に取り組む場合のことを指すのであって、端から解決が見通せるような場合は挑戦とは呼ばない。大事なことは、何しろ自分の能力プラスアルファの目標・課題に思い切って体当たりして行くことである。

そして困難を克服しながら挑戦した目標・課題を一つひとつ克服する経験を積み重ねることを通じて、セルフコンフィデンスが次第に揺るぎのないものになっていく。特にジュニアコンサルタント時代の両三年間は、与えられた仕事に全力を挙げてぶつかり、途中で投げ出さず何としても凌ぎ切ることが肝要である。お茶を濁すようないい加減な仕事をすることは、コンサルタントとして成長していく道を自ら閉ざすことに直結するからである。

心構えの第2は、まず自分自身が得心のいく仕事をすることである。一見誤解を招きやすい表現であるが、これは一般的に自己評価の方が他者評価よりも甘い傾向が見受けられる事実に基づく。端的に言うと、自分自身で納得のいかないような仕事がクライアントに評価されるわけがない、自分自身では満足レベルに達していてもクライアントから見れば合格水準スレスレ、場合によっては不合格レベルであるかも知れないと考えた方がよいことを意味している。

その証拠に研修会の後などにアンケートを取るケースが多いが、自分自身で今回は出来がよかったと思っていても、結構「普通」段階の評価が多く愕然とするケースがある。人事制度の設計・導入のプロジェクトなどの場合は、長丁場にわたることの他にプロジェクトメンバー自身も主体的参画者であるため、満足度がかなり高くなるケースが多い。振り返ってみると、50年間でプロジェクトチームから途中で脱落したメンバーは唯の1人のみである。やはりプロジェクト活動はメンバーにとって辛さもあるが、やり甲斐の方が勝っていると言ってよさそうである。

いずれにしても自分自身で得心のいく仕事をするには、コンサルタントとして自分なりの基本的スタイルなり型を持つことが欠かせない。私の場合にはその典型例が、人事制度改革のコンサルティングを例に取ると、プロジェクト初日に1年間の活動日程を決めてしまうことであり、研修の場合は本論の味付けをするための無駄話や世間話を意識的に挟んでいくことなどが該当する。ただし、そのすべての根底にクライアントのために全身全霊を尽くすという姿勢がなければならない。

心構えの第3は、自己管理の徹底に努めることである。コンサルタントもフリーランスの道を選ぶと、いろんな意味で厳しい環境下に身を晒すことになる。うかうか病気などしておれないし、仕事ぶりが十年一日では受注がままならず廃業に追い込まれてしまう破目になる。このことは組織に所属しているコンサルタントも基本的には変わらないが、要は、コンサルタントはプロフェッショナルなのだから徹底した自己管理が求められているということに他ならない。

コンサルタントに求められる要件は体力、気力、能力だと何度も述べてきたが、自己管理の徹底は当然これら3要件に関しても求められることになる。具体的にどのような方法を取るかは各自が決めなければならないが、私の場合どうであったかは随所で述べてきた。大事なことは自己管理の徹底を期す上でも、そのベースに仕事の目標・課題へのチャレンジがなければならない。目標・課題に挑戦しないのであれば、自己管理に徹する必要など特にないからである。

いずれにしても、人は皆それぞれある可能性を持ってこの世に生まれてきている。たとえばある人はその可能性の70パーセントを、別の人は30パーセントを顕在化させて生涯を終えるとする。このいずれのケースが自分の生涯に対する納得性が高いかと言うと、当然のことながら前者であろう。表現を変えると、自分の持って生まれた可能性をできるだけ顕在化させることができた人のほうが、眠らせたままで終わってしまう人より自分自身の生涯に対する納得性が高いということである。

そうだとするなら、折角持って生まれた秘めた可能性を顕在化させるための努力をすることは、人に課せられた使命だと言って差し支えない。このことは、コンサルタントのみならず、仕事の如何を問わず目標・課題にチャレンジし、途中で投げ出さず最後までやり遂げ、そして達成感を味わいセルフコンフィデンスを深めるという能力向上のプロセスを倦まずに歩み続けることは、あらゆる人に課せられている使命であり責務でもあることを意味している。

最近、プロフェッショナルの心構えはこうあるべきだとハタと膝を打った名言に遭遇することができたので、最後にその言葉を紹介し締め括りとしたい。**その名言とは、iPS細胞研究所長の山中伸弥教授がアメリカ留学時代に彼の地の恩師から教示を受け、今も深く胸に刻んでいるという「ビジョン&ハードワーク」という言葉である。これは真のプロフェショナルには**

ビジョンを掲げ、その実現を図るためのハードワークが求められていることを意味している。プロフェッショナルでありたいと願う者にとって、これほど的を射た心構えと指針は他には見当たらない。

少なくとも経営コンサルタントとしての私の生涯は、人事コンサルタントはどうあるのが望ましいかを懸命に模索すると共に、ご縁のあった企業の社員の働きがい追求と企業業績向上に貢献・寄与できる制度の設計・導入を行うため、ささやかながらもベストを尽くそうともがき続けた50年であったと信じている。少なくとも「ビジョン&ハードワーク」に大きく悖るような行動・事実のなかったことを願うのみである。

筆者略歴

竹内《たけうち》　裕《ゆたか》

1963年　神戸商科大学（現兵庫県立大学）卒業

1969年　中小企業診断士資格取得

1972年　日本生産性本部経営コンサルタント指導者養成講座（全日制１年コース）修了。その後同本部経営コンサルタントとして人事・賃金制度の設計、中長期経営計画の策定、管理職の研修業務等に携わる。

1985年　同本部より独立。以降、(株)RECコンサルティング・グループ、(株)ヒューマンウエア研究所にて主として能力・成果主義人事制度の設計・導入とフォローアップおよび管理職等の研修業務に従事する。

2018年　コンサルティング実務の第一線より退く。

著　書　『経営管理手法ハンドブック（共著）』（全国協同出版）、『新しい賃金制度』（同文舘）、『管理者の新時代』（同文舘）、『参画型中・長期経営計画（共著）』（同文舘）、『職能資格人事制度』（同文舘）、『実践・管理者教科書（共著）』（同文舘）、『職能資格制度の設計』（同文舘）、『人事考課制度の設計』（同文舘）、『年俸制の正しい導入の実務』（中経出版）、『能力主義賃金設計の実務』（生産性出版）、『能力主義人事制度設計の実務』（生産性出版）、『能力主義人事の手引』（日経文庫）、『中堅・中小企業役員の評価＆給与決定マニュアル』（アーバンプロデュース）、『能力主義人事制度の作り方』（PHP研究所）、『賃金カットの実務』（中経出版）、『中堅・中小企業の能力・成果主義人事制度』（中央経済社）、『パートタイマーのトータル人事制度（共著）』（中央経済社）、『職能・役割を重視する人事制度』（中央経済社）、『日本の賃金―年功序列賃金と成果主義賃金のゆくえ』（ちくま新書）、『人事制度設計の考え方・進め方』（中央経済社）、『賃金決定の新構想』（中央経済社）、『これからの人材マネジメント』（中央経済社）ほか

2021年2月10日　第1刷発行

経営コンサルティング
—仕事のプロが育つプロセスと勘どころ

©著　者　竹内　　裕
発行者　脇坂康弘

〒113-0033　東京都文京区本郷3-38-1
TEL. 03(3813)3966
FAX. 03(3818)2774
URL https://www.doyukan.co.jp/
発行所　株式会社同友館

乱丁・落丁はお取替えいたします。
三美印刷／松村製本所
ISBN 978-4-496-05527-0
Printed in Japan